STARK

ABITUR-TRAINING
GESCHICHTE

Johannes Werner

Grundlagen, Arbeitstechniken und Methoden

STARK

Bildnachweis
Umschlagbild: Weltkarte aus einem Ptolemäusdruck. Straßburg 1513, Holzschnitt
S. 2: Bildarchiv preußischer Kulturbesitz (1); U. Winkler, Berlin (2); S. 3: aus: Der Reichstag. Bilder zur deutschen Parlamentsgeschichte. Bonn 1984, S. 33 (1); U. Winkler, Berlin (2, 3) S. 76: © Bilderdienst Süddeutscher Verlag; S. 78, 80: Bildarchiv preußischer Kulturbesitz; S. 82: Ullstein; S. 84: Bismarck-Denkmal von Hugo Lederer, Hamburg; Aufnahme: Dirk Reinartz, Buxtehude; S. 86: Stadtarchiv Nürnberg, Aufnahme: Ferdinand Schmidt (1); Werner von Siemens-Institut, Hamburg (2); S. 87, 88: Bildarchiv preußischer Kulturbesitz; S. 91: © (für Werke von E. L. Kirchner) by Ingeborg & Dr. Wolfgang Henze-Ketterer, Wichtrach/Bern; S. 93: aus: H. Pleticha (Hrsg.): Deutsche Geschichte in 12 Bänden. Bd. 11: Republik und Diktatur. Gütersloh: Bertelsmann 1984, S. 175; S. 94: © VG Bild-Kunst, Bonn 2000; S. 96: Frankfurter Rundschau, © Felix Mussil, 1972; S. 98: © Hans Erich Köhler, 1949; S. 99: © VG Bild-Kunst, Bonn 2000; S. 100: Konrad-Adenauer-Stiftung e. V., Archiv für Christlich-Demokratische Politik (ACDP), Plakatsammlung; S. 103: Bayerisches Hauptstaatsarchiv, Plakatsammlung 15452; S. 104: Bundesstaatsarchiv, Plak 2/20/55; S. 105: Dr. J. Werner, Landsberg; S. 108: Briefmarken der Deutschen Bundespost; 40 Jahre BRD: Grafik: Lorli Jünger & Prof. Ernst Jünger, München (1); Berliner Luftbrücke: Grafik: Angela Kühn; S. 110: Bildarchiv preußischer Kulturbesitz; S. 113: L. Kähler, Hamburg (1); B. Vesper, Bottrop (2); S. 114: aus: H. Dollinger: Lachen streng verboten. München: Südwest 1982, S. 394 (1); Bildarchiv preußischer Kulturbesitz (2); S. 115: © Edition Leipzig, 1989

Wir danken allen Rechteinhabern für die Abdruckerlaubnis. Der Verlag war bemüht, die Urheber der abgedruckten Bilder und Texte ausfindig zu machen. Wo dies nicht gelungen ist, bitte wir diese, sich ggf. an den Verlag zu wenden.

Dieser Band wurde nach den Regeln der neuen Rechtschreibung abgefasst. Ausgenommen sind Texte von Autoren und Verlagen, die mit der Umwandlung in die neue Schreibweise nicht einverstanden sind.

ISBN: 3-89449-504-9

© 2000 by Stark Verlagsgesellschaft mbH
D-85318 Freising · Postfach 1852 · Tel. (08161) 1790
Nachdruck verboten!

Inhalt

Vorwort

Grundlagen 1
1 Geschichte als Grundlage der Gegenwart 1
   1.1 Die Wurzeln der Gegenwart liegen in der Geschichte 1
   1.2 Historische Traditionen bestimmen die aktuelle Lebenswelt 1
   1.3 Politische Themen sind historisch bedingt 4
   1.4 Heutige Entwicklungen besitzen Parallelen zur Geschichte 5
   1.5 Informationsquellen 5
2 Grundbegriffe zum Verständnis des Gegenstands:
   Gibt es eine historische Wahrheit? 7
3 Die Analyse 9
   3.1 Der Analysegegenstand: Was ist eine „historische Situation"? 9
   3.2 Wichtige Analysebegriffe 11
4 Prüfungsfragen im Unterrichtsfach Geschichte,
   ihre Anforderungsebenen und Leitbegriffe 20
   4.1 Ebene der Inhalte und Fakten („Reproduktion") 21
   4.2 Ebene der Zusammenhänge und Strukturen („Reorganisation") .. 22
   4.3 Ebene der Bewertung und des Urteils („Transfer") 24

Textquellen 27
1 Aufbau einer systematischen Analyse von Textquellen 27
   1.1 Grundlegender Erwartungshorizont 27
   1.2 Verstehen der Fragestellung 28
   1.3 Bearbeiten von Textquellen 34
   1.4 Ausformulieren der schriftlichen Antwort 38
2 Unterschiedliche Arten von Textquellen 41
   2.1 Offizielle Text-Dokumente 42
   2.2 Ideologische Textquellen 45
   23 Narrative Textquellen 48
   2.4 Literarische Textquellen 52
3 Wissenschaftliche Texte 56

Bildquellen 61
1 Aufbau einer systematischen Analyse von Bildquellen 61
    1.1   Herkunft und Wahrheitsgehalt der Bildquelle:
          Wie authentisch ist die Quelle? 62
    1.2   Inhalte: Was wird dargestellt? 63
    1.3   Gestaltungsmittel: Wie werden die Inhalte dargestellt? 64
    1.4   Aussageabsicht: Wie ist der Standpunkt der Bildquelle
          in der historischen Situation? 64
    1.5   Bewertung: Welche Bedeutung hat die Quelle aus heutiger Sicht? . 65
2 Prüfungsfragen zu Bildquellen 73
3 Verschiedene Arten von Bildquellen 75
    3.1   Fotografien 75
    3.2   Zeichnungen und Gemälde 89
    3.3   Karikaturen.. 95
    3.4   Plakate.. 99
    3.5   Postkarten, Briefmarken, Geldscheine, Münzen 105
    3.6   Bildkombinationen....................................... 119

Statistiken, Diagramme und Karten 117
1 Statistiken und Diagramme 117
    1.1   Aufbau einer systematischen Analyse 118
    1.2   Fragestellungen zu Statistiken und Diagrammen 122
2 Karten 127

Lösungen 131

Autor: Dr. Johannes Werner

Vorwort

Liebe Leserin, lieber Leser,

Sie haben dieses Trainings-Buch sicherlich mit der Erwartung gekauft, eine gute Hilfe für die Prüfungen und das Abitur in Ihrem Geschichtskurs zu erhalten. Genau diese Erwartung möchte dieses Buch erfüllen, indem es Sie mit allen Anforderungsbereichen des Geschichtsunterrichts vertraut macht. Sie müssten nach der Erarbeitung der Buchinhalte dazu in der Lage sein, **jede Fragestellung**, auf die Sie in Prüfungen treffen, **souverän** zu **bewältigen**.

Im ersten Kapitel begegnen Ihnen wesentliche **Grundbegriffe** des wissenschaftlichen Arbeitens, auf die sich der Geschichtsunterricht stützt. Im nächsten Schritt wird eingeübt, wie Sie die oft komplizierten Fragen in schriftlichen Arbeiten verstehen und sinnvoll aufbereiten können; die in allen Bundesländern gleichermaßen geltenden **Anforderungsbereiche der Prüfungsarbeiten** werden dabei präzise analysiert und so für Sie verfügbar.

In den folgenden Kapiteln stellt Ihnen das Arbeitsbuch detailliert **alle wichtigen Materialien** vor, die im Geschichtsunterricht benutzt werden: Textquellen, wissenschaftliche Texte, alle wichtigen Formen der Bildquellen, Statistiken, Diagramme und Karten. Sie werden in den einzelnen Bereichen mit genau begründeten **Analyserastern** vertraut gemacht, die dazu dienen, jedes Prüfungsmaterial systematisch zu erarbeiten.

Bei den verwendeten Texten und Bildern wurde darauf geachtet, **prüfungsrelevante Themen** aufzunehmen, sodass Sie gleichzeitig mit den Methoden auch wesentliche Inhalte des Geschichtsunterrichts der Oberstufe erarbeiten.

Für Sie besonders wichtig ist: Allen Kapiteln sind didaktisch aufgebaute **Übungsphasen** zugeordnet. Die allgemeinen Erläuterungen werden darin zuerst an Beispielen verdeutlicht. Diesen folgen relativ leichte Übungsaufgaben, bei denen Sie die neu erlernten Methoden selbstständig anwenden können. Eine realistische Abituraufgabe bildet jeweils den Abschluss der Übungseinheiten. Die genauen **Lösungen aller Aufgaben** finden sich in einem gesonderten Buchteil; damit können Sie die eigene Leistung überprüfen.

Und nun viel Spaß bei der Arbeit mit diesem Buch und viel Erfolg in Ihrem Geschichtskurs!

Dr. Johannes Werner

Grundlagen

1 Geschichte als Grundlage der Gegenwart

Historisches Wissen ist eng verknüpft mit den kulturellen, gesellschaftlichen und politischen Umständen und Problemlagen unserer Gegenwart; aktuelle Zustände lassen sich deshalb auch aus ihren geschichtlichen Wurzeln heraus verstehen. Das Gleiche gilt für die persönlichen Lebensumstände der heute Lebenden: Wir sind ebenfalls durch geschichtliche Traditionen und Wurzeln mitgeprägt. So ist das Bild, das Sie von sich selbst – z. B. als Deutscher, als Europäer, als Sachse, als Bayer, als „Wessi" oder „Ossi" – haben, auch Ergebnis konkreter historischer Entwicklungen und Prozesse; diese wirken direkt und indirekt auf Ihre Mentalität, auf Ihre Überzeugungen und Werte ein, und überhaupt darauf, wie Sie Ihre Welt sehen und interpretieren.

1.1 Die Wurzeln der Gegenwart liegen in der Geschichte

Der geschilderte Zusammenhang beinhaltet die Chance, durch den Blick auf die geschichtlichen Hintergründe unserer Gegenwart nicht nur die eigene Wirklichkeit besser verstehen, sondern auch im Umkehrschluss historische Zusammenhänge erschließen zu können: Fragen Sie also nach den Wurzeln Ihrer Selbstbilder! Interessieren Sie sich für Ihre Familiengeschichte! Sammeln Sie Informationen zu den geschichtlichen Bedingungen Ihres kulturellen und gesellschaftlichen Umfelds! Informieren Sie sich über die aktuelle politische Situation in Deutschland und in der Welt! Im Einzelnen bieten sich Ihnen immer die **folgenden aktuellen Zugänge** zu historischem Wissen an.

1.2 Historische Traditionen bestimmen die aktuelle Lebenswelt

Die **institutionellen Grundlagen**, die Symbole und Rituale der staatlichen Einrichtungen und der wichtigen gesellschaftlichen Gruppen sind allesamt historisch bedingt. Das gilt für das Grundgesetz genauso wie für die Nationalhymne, die Flaggen und Wappen der Bundesrepublik und der einzelnen Bundesländer; ein aktuelles Beispiel ist die Bautradition des Reichstagsgebäudes. Bei den gesellschaftlichen Gruppen stützen sich z. B. die Parteien, die Gewerkschaften oder die Verbände auf ihre geschichtlichen Wurzeln. Im Jahr 2000 feierte etwa der Deutsche Fußballbund sein 100-jähriges Bestehen: In der Entwicklung des Sportverbandes spiegelt sich auch die deutsche Geschichte. Die Medien haben den Geburtstag deswegen auch zum Anlass genommen, die Geschichte des Deutschen Fußballbundes eingehend zu beleuchten, etwa im Blick auf dessen Rolle während der Zeit des Nationalsozialismus.

Setzen Sie sich also mit solchen Themen auseinander, um historisches Wissen in einer interessanten Weise aufzunehmen!

Geschichtliche Traditionen finden sich ebenfalls in Ihrem **lokalen Umfeld**: Fragen Sie nach der Herkunft von Straßennamen, von Denkmälern, nach der Entstehungszeit und möglichen Symbolik historischer Gebäude! Nutzen Sie die Lieblingsbeschäftigung der Deutschen, das **Reisen**, auch dazu, nach historischen Hintergründen zu fragen: Beschäftigen Sie sich mit der Geschichte Ihrer Urlaubsziele! Oder wählen Sie diese sogar nach Ihren geschichtlichen Interessen aus! Ein Besuch Berlins kann im Blick auf die bedeutende Geschichte der Stadt aufschlussreich sein: In vielen Teilen der Stadt sind nicht nur Denkmäler und Überreste der politischen und wirtschaftlichen Geschichte zu sehen, sondern auch – wie in den Hinterhöfen ehemaliger „Mietskasernen" – die Lebenswelten früherer Generationen.

Berliner Hinterhöfe im 19. Jahrhundert und nach ihrer Sanierung zu Beginn des 21. Jahrhunderts.

Spannend ist gerade in Berlin die Tatsache, dass die Spuren historischer Ereignisse an vielen Stellen der Stadt – noch – offen zu Tage treten: in Einschusslöchern aus den letzten Kämpfen des Zweiten Weltkriegs ebenso wie in den Plattenbauten-Siedlungen und verfallenen Innenstadtzonen als Symbolen der DDR-Wohnungsbaupolitik und -Ideologie. Im neuen Reichstagsgebäude wurden die Spuren der Zeit sogar teilweise konserviert und in das architektonische Konzept einbezogen, um die Geschichte des Gebäudes zu demonstrieren.

Bei der Neugestaltung des Berliner Reichstags wurden auch Spuren der neueren und neuesten Geschichte einbezogen: zum Beispiel die Graffities russischer Soldaten.

Überall versuchen **Museen**, Geschichte lebendig zu erhalten und zu erklären. Nutzen Sie auch diese Möglichkeit, sich über authentische Quellen mit der Vergangenheit zu beschäftigen. Vieles, was Sie im Unterricht recht trocken vorgesetzt bekommen, kann sich im Museum als spannende Geschichte wiederfinden; denn dort erzählen Ihnen die ausgestellten Gegenstände selbst ihre Geschichte.

Nahezu alle historischen Museen versuchen außerdem, den Zugang zu ihren Objekten und Informationen durch eine moderne und ansprechende didaktische Konzeption zu erleichtern; gerade für den historisch Interessierten mit etwas Vorwissen sind Museen deshalb ein lohnenswerter Lernort.

1.3 Politische Themen sind historisch bedingt

Alle aktuellen **innen- und außenpolitischen Problemlagen** und Diskussionen haben ihr geschichtliches Fundament; in Analysen, Stellungnahmen und politischen Positionen zu diesen Themen finden sich immer geschichtliche Bezüge. Indem Sie den öffentlichen Diskurs verfolgen und an ihm teilnehmen, erarbeiten Sie sich auch historisches Wissen! Die ernst zu nehmenden Medien, wie etwa seriöse Fernsehsendungen, überregionale Tages- und Wochenzeitungen oder politische Magazine, bieten dabei gute Informationsmöglichkeiten.

Beispiele für aktuelle Themen, die sich auch aus ihren geschichtlichen Hintergründen verstehen lassen, sind:

- Der **Kosovo-Konflikt**: Er erklärt sich auch aus der Geschichte des Balkans seit dem späten Mittelalter; und seine Problemlagen sind eng verknüpft mit historischen Entwicklungen des 20. Jahrhunderts. Die momentane Situation lässt Aussagen über die Rolle der UNO, der NATO, der EU und über die deutsche Außen- und Sicherheitspolitik zu; und auch dabei sind geschichtliche Entwicklungen mit im Spiel.
- Die **Krise Afrikas**: In der schwierigen, teils katastrophalen wirtschaftlichen, innen- und außenpolitischen Lage vieler Länder Afrikas und in den Kriegen im Kongo, in Angola und vielen weiteren Krisenherden werden historische Wurzeln wie der „Imperialismus", der „Kolonialismus" oder der Ost-West-Konflikt sichtbar.
- Der **Nahost-Konflikt**: Im latenten Konflikt zwischen Israel und seinen arabischen Nachbarstaaten verknüpft sich die neuere Geschichte des Judentums mit der des Nationalsozialismus und des Zweiten Weltkriegs; aber auch die überkommenen Frontlinien aus der Zeit der Dekolonisation und des „Kalten Krieges" erklären manches Detail des Nahost-Konflikts.
- Die **Belastungen Deutschlands durch den Nationalsozialismus** und die Ereignisse des Zweiten Weltkriegs: Die Aufarbeitung der politischen, wirtschaftlichen und moralischen Folgen der NS-Zeit durchzieht die deutsche Nachkriegsgeschichte bis heute. Aktuelle Beispiele sind die Diskussion um die Entschädigungen für Zwangsarbeiter, die während des Krieges nach Deutschland verschleppt wurden, oder die Diskussion um die zentrale Gedenkstätte

für die ermordeten europäischen Juden in Berlin. Zum Verständnis dieser Themen gehört natürlich die genaue Kenntnis ihrer historischen Wurzeln in Nationalsozialismus und Zweitem Weltkrieg.

1.4 Heutige Entwicklungen besitzen Parallelen zur Geschichte

Viele aktuelle Themen, mit Sicherheit aber politische Begriffe, gesellschaftliche Zusammenhänge, Denkweisen und Mentalitäten unserer Gegenwart, besitzen ähnliche Strukturen wie historische Situationen. Die Verstädterung in der „Dritten Welt" mit der Verelendung großer Bevölkerungsteile lässt sich sehr gut mit den frühen Folgen der Industrialisierung in Europa vergleichen. Die unterschiedlichen Technologieschübe in der Geschichte der Industrialisierung und ihre Wirkungen sind strukturell gesehen dem ähnlich, was im Moment durch Schlagworte wie „Globalisierung", „New Economy" oder „Informationsgesellschaft" ausgedrückt wird. Die Analyse aktueller Entwicklungen kann deshalb die Grundlagen für das Verstehen komplexer geschichtlicher Situationen legen; auf jeden Fall sind aber viele Fachbegriffe und Erklärungsweisen die gleichen.

Auch dieser Zusammenhang verweist also auf die Chance, sich durch Kenntnisse zu heutigen politischen Themen und Problemen die Grundlage für ein besseres Verständnis geschichtlicher Entwicklungen anzueignen.

1.5 Informationsquellen

Die wichtigsten aktuellen Quellen zu politischen Themen, in denen historische Bezüge sichtbar werden, sind:
- überregionale Tages- und Wochenzeitungen,
- politische Magazine und Zeitschriften,
- politische Sendungen in den ernst zu nehmenden Fernsehsendern wie etwa „Der Weltspiegel" (ARD) oder „Auslandsjournal" (ZDF) und andere.
- Die Bundeszentrale für politische Bildung in Bonn (Postfach 2325, 53013 Bonn) und die verschiedenen Landeszentralen für politische Bildung der einzelnen Bundesländer stellen umfangreiches kostenloses Material zu aktuellen politischen Themen und zur Geschichte des 20. Jahrhunderts zu Verfügung. Die meisten Materialien sind für ein breites Publikum bestimmt und entsprechend gut lesbar.

Internet
Das weltweite Informationssystem bietet natürlich eine Fülle von Möglichkeiten, historisches Wissen auszubauen oder zu ergänzen. Alle wichtigen Institutionen wie Ministerien, Museen, Universitäten und ihre Institute besitzen inzwischen „Homepages" mit einer Fülle von brauchbarem Material. Museen veröffentlichen z. B. im Netz einen Überblick über ihre Sammlungen und einen Ausschnitt aus ihrem Quellenmaterial, Universitätsinstitute stellen häufig dar, mit welchen Projekten sie sich beschäftigen. Um den spezifischen Zugang zu finden, helfen Ihnen die bekannten Suchsysteme auch bei historischen Themen.

Allerdings tummeln sich im Internet auch genauso viele eher zweifelhafte Informationsquellen: Berüchtigt sind die rechtsradikalen Seiten mit ihren verqueren Geschichtsklitterungen und Lügen. Das bedeutet: Sehen Sie sich genau an, woher Sie Ihre Information im Internet beziehen! Fragen Sie nach der wissenschaftlichen Autorität des jeweiligen Produzenten der Information!

Multimedia-Lexika
Lexika auf CD-Rom bilden eine sehr gute, wenn auch nicht kostenlose Alternative zur oft langwierigen Suche im Internet. Über die Lexika findet man schnell fundierte und oft sehr aufwändig multimedial gestaltete Hintergrundinformationen und genaues Detailwissen zu geschichtlichen Ereignissen, Personen, Orten usw. Die bekanntesten Lexika sind:
- Encarta Enzyklopädie Plus 2000 (Microsoft)
- Brockhaus multimedial 2000 Premium
- Data-Becker – Das große Lexikon
- Kosmos Kompakt Lexikon 2000
- Das große Bertelsmann Universal Lexikon 2000

Einige Verlage bieten auch kostenlose „Links" (Direktzugänge) im Internet an:
- Encyclopaedia Britannica: www.britannica.com
- Meyers Lexikon: www.iicm.edu/meyers
- Deutsche-Verlags-Anstalt: www://wissensnavigator.europop.net/frameset.htm

Lernhilfen des Stark Verlags
Die Stark Verlagsgesellschaft, der Herausgeber dieses Trainings-Bandes, hat sein Verlagsprogramm auf die speziellen Bedürfnisse der Abiturvorbereitung abgestimmt. Sie finden dabei eine Reihe preiswerter Hilfen für die Kursphase und die Abiturprüfung. Nähere Informationen zu den verschiedenen Titeln finden Sie auf den letzten Seiten in diesem Buch.

2 Grundbegriffe zum Verständnis des Gegenstands: Gibt es eine historische Wahrheit?

Eine umfassende Fragestellung zu einem historischen Thema zu beantworten, ist ein sehr komplexer Arbeitsvorgang. Um Ihnen das Verständnis der unterschiedlichen Fragestellungen und die Antworten zu erleichtern, vermittelt Ihnen dieses Abitur-Training zuerst wesentliche Analyse-Begriffe. Diese Grundlage wird Ihnen helfen, sich in jeder Fragestellung zu orientieren und die eigene Antwort systematisch zu planen.

Die Frage, ob es eine historische Wahrheit gibt, bzw. wie treffend man nachträglich historisches Geschehen erfassen kann, ist die „Gretchenfrage", das zentrale theoretische Ausgangsproblem der Wissenschaftler, die sich mit der Rekonstruktion von Geschichte beschäftigen.

Der **aktuelle Forschungsstand** ist vereinfacht der folgende:
- **Fakten:** Historisches Geschehen besteht aus vielen einzelnen Fakten oder Daten, die durch Quellen verschiedenster Art belegt sind. Diese Basis geschichtlicher Erkenntnis ist relativ sicher zu beschreiben.
  Wir wissen durch viele Berichte und Dokumente etwa genau, dass am 30. Januar 1933 der damalige Reichspräsident Hindenburg Adolf Hitler zum Reichskanzler ernannt hat. Genauso sicher ist der Zugriff auf den verfassungspolitischen Zusammenhang der Situation; denn auch die Verfassung der Weimarer Republik ist überliefert. Weniger eindeutig ist bei dieser Situation z. B. die Frage nach dem „Warum?" zu beantworten, nach den Ursachen der Entscheidung. Schwieriger ist auch die deutende Einordnung des Ereignisses in die geschichtliche Entwicklung.

- **Deutung**: Die Ordnung der fast unendlichen Daten und Fakten eines Geschehens ist neben der Sicherung der Quellenbasis die zweite Aufgabe der Historiker. Deutungen sind Versuche, die Vielfalt der Geschichte zu sinnhaften und in sich logischen Zusammenhängen, Strukturen und Entwicklungen zu reduzieren, um sie damit fassbarer zu machen.

- **Historisierung**: Die Deutung kann dabei eher horizontal als Erklärung der Zeitsituation ablaufen. Sie erklärt dann z. B. die Bewusstseinslage Hindenburgs aus der Zeit heraus (historisierend), versucht also, die Umstände der vergangenen Situation bei der Interpretation als Erstes zu berücksichtigen.

- **Standpunktbezogenheit einer Deutung**: In der Geschichtswissenschaft gibt es eine bedeutende Kontroverse zu der Frage, ob der historisierende Zugriff auf Geschichte überhaupt möglich ist; die Skeptiker gehen davon aus, dass der Standpunkt des Betrachters immer die Darstellung beeinflussen wird. Die extreme Position behauptet sogar, Geschichte sei nie so zu erfassen, wie es gewesen ist, da nur die nachträgliche, durch die Perspektiven und Interessen der Gegenwart gestörte Rekonstruktion von Vergangenheit möglich sei. Dies sei dann nicht das Nachvollziehen einer historischen Wahrheit, sondern „nur" eine Deutung der Geschichte unter dem Vorbehalt der Standpunktbezogenheit des Deutenden.

  Trotz dieser berechtigten Zweifel müssen Historiker davon ausgehen, dass der faktische Kern eines Geschehens richtig zu erfassen ist; im Geschichtsunterricht und in der dazu gehörenden Prüfungssituation wird dies angenommen. Die Inhalte der Lehrpläne und Ihres Unterrichts gehen von dieser Annahme aus und formulieren einen Pool von zu vermittelnden Kenntnissen. Gerechtfertigt wird dieses Vorgehen durch den wissenschaftlichen und gesellschaftlichen Konsens, der bei der Erstellung der Lehrpläne berücksichtigt wird.

- **Historische Bewertung**: Neben dem historisierenden Zugriff auf ein geschichtliches Geschehen ist eine Deutung aber auch im Blick **auf** die Relevanz des historischen Geschehens für eine spätere Zeit oder sogar für heute möglich. Die entsprechende Vorgehensweise ist das historische Urteil bzw. die Bewertung.

  Ein Beispiel ist eine Bewertung, die die nationalsozialistischen Verbrechen als bestimmend für die deutsche Gegenwartspolitik und -kultur bezeichnet; diese Bewertung beurteilt also die Folgen und die Bedeutung eines bestimmten geschichtlichen Geschehens für eine andere Zeit.

- **Aktualisierung**: Bewertend kann man Geschichte auch aus einem bewusst vertretenen eigenen Blickwinkel betrachten. Man nennt das auch „Aktualisierung": Das geschieht etwa, wenn Sie das kolonialistische Vorgehen in Afrika und Asien in der Zeit um 1900 als „rassistisch" und menschenverachtend bewerten und die heute verbindlichen Menschenrechte als Maßstab anführen. Ein aktualisierendes Urteil ist legitim, wenn Sie Ihren Bewertungsmaßstab nennen und so den eigenen Standpunkt deutlich machen. Aber auch dann werden Sie nicht daran vorbei kommen, die bekannten Fakten der zugrunde liegende Situation möglichst korrekt wiederzugeben. Denn sonst steht die Begründung Ihrer Bewertung auf tönernen Füßen.

Auf den Punkt gebracht

Für eine Prüfungssituation bedeutet die Unterscheidung in Fakten und Deutungen, dass Ihnen in den Fragestellungen unterschiedliche Anforderungsbereiche begegnen:
- Sie müssen Fakten und deren Zusammenhänge kennen und darstellen!
- Sie müssen Quellen inhaltlich verstehen, beschreiben und sie in ihre Zusammenhänge einordnen!
- Sie müssen Deutungen entwickeln, also ein geschichtliches Geschehen in übergreifende Zusammenhänge und Strukturen ordnen!
- Sie müssen zeitübergreifende Zusammenhänge darlegen und die Bedeutung des Geschehens im Blick nach hinten und nach vorne klären!
- Sie müssen das historische Geschehen begründet aus heutiger Sicht beurteilen!

3 Die Analyse

3.1 Der Analysegegenstand: Was ist eine „historische Situation"?

Jedes historische Faktum, z. B. ein Ereignis oder Geschehen, ist in eine es umgebende **„historische Situation"** eingebettet. Diese Situation besteht aus einer Vielzahl von weiteren einzelnen Fakten; die gesamte Datenmenge der Situation ist genauso umfassend, wie es die Gegenwart ist, die Sie jetzt gerade beobachten können. Letztlich ist also die Zahl der Fakten, die für die Interpretation einer historischen Situation infrage kommen, theoretisch grundsätzlich unbegrenzt.

Die Geschichtswissenschaft benutzt zur ersten Beschränkung ihres Analysegegenstandes die Dimensionen des Ortes und der Zeit; diese Dimensionen werden durch die **Karte** für den Raum und die **Chronologie** für die Zeit als grundlegende Ordnungsmuster der Geschichtswissenschaft erfasst!

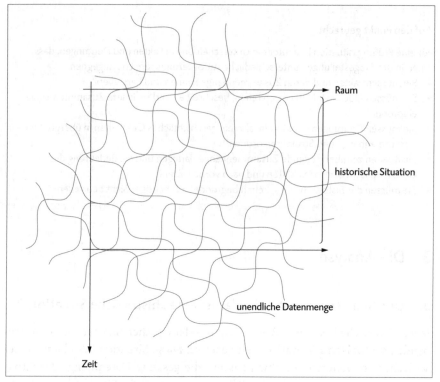

Was ist eine historische Situation?

So ist zum Beispiel die Ernennung Hitlers zum Reichskanzler am 30. Januar 1933 z. B. ein wesentliches Faktum einer umfassenderen historischen Situation, zu der noch unendlich viele andere Details gehören: etwa die Persönlichkeiten der Beteiligten, die Verfassungskrise der Weimarer Republik, die Geschehnisse um die Präsidialkabinette seit Brüning, aber auch das Bewusstsein, die Überzeugungen, Ängste und Hoffnungen der Wähler oder Gegner Hitlers. Theoretisch gehören aber auch die Fußgänger, die zur gleichen Zeit in Berlin oder anderswo in Deutschland über die Straße gegangen sind, zu dieser Situation.

Wie man die Grenzen dieser Situation setzt, ist ein schwieriges Problem; das Vorgehen verlangt eine Entscheidung des analytischen Betrachters. Im Fall dieses Beispiels könnte man als **Raum** von Deutschland und als **Zeit** von 1933 ausgehen und die Ernennung Hitlers nach vorne blickend als Datum, als Faktum der Situation „Machtergreifung" sehen. Im Blick zurück könnte man die übergreifende Situation als „Endphase der Weimarer Republik" bezeichnen.

Das Beispiel macht sofort das Problem einer Deutung klar: Man muss Wichtiges von Unwichtigem trennen, um den Überblick zu behalten und um das Wesentliche, das für den späteren Betrachter Interessante, zu erkennen. Die Gefahr jedes rückblickenden Vorgehens ergibt sich daraus ebenso: Sie besteht darin, die Vielfalt des geschichtlichen Geschehens zu stark zu beschränken und es nur verzerrt wiederzugeben.

3.2 Wichtige Analysebegriffe

Um historische Situationen in ihrer Vielfalt zu erfassen und zu deuten, benutzt die Geschichtswissenschaft Abstraktionen; das sind Begriffe und Modelle des Erkennens, die viele einzelne Daten zusammenfassen. Abstraktionen können als „Werkzeug" des Historikers auf jede Situation angewendet werden; dadurch sind sie lernbar und auch in Prüfungssituationen nützlich und unverzichtbar. Die Fragestellungen in Klausuren und Abituraufgaben beziehen sich ebenfalls auf diese Abstraktionen. Ein Überblick über wesentliche **Analyse-Begriffe** soll Ihnen den kompetenten Zugriff auf die Fragestellungen erleichtern!

Struktur
Ein einzelnes historisches Datum steht im Zusammenhang mit vielen anderen: Die Zusammenhänge lassen sich als Strukturen der Situation beschreiben! Eine Struktur ist eine analytische Darstellung einer umfassenden Situation, die versucht, diese durch die Beschränkung auf wesentliche Elemente zu vereinfachen und verstehbar zu machen. Zu einer Struktur kommt man durch eine definierte analytische Perspektive, die bestimmte Elemente einer Situation aussucht. Man kann eine Strukturierung mit der Tätigkeit eines Fischers vergleichen, der ein Netz einer bestimmten Größe und Beschaffenheit auswirft, um damit Fische einer besonderen Art zu fangen; sein Fang zeigt dann an, welche und wieviele Fische ab einer bestimmten Größe im Meer schwimmen.

Strukturen ermöglichen es also, eine historische Situation übersichtlich zu erfassen und zu beschreiben. Welche Art einer Struktur Sie in Ihrer Darstellung anwenden, ergibt sich im Normalfall durch das Thema der Fragestellung: D. h. eine Fragestellung gibt Ihnen die Perspektive vor, mit der Sie eine Situation strukturieren sollen.

12 / Grundlagen

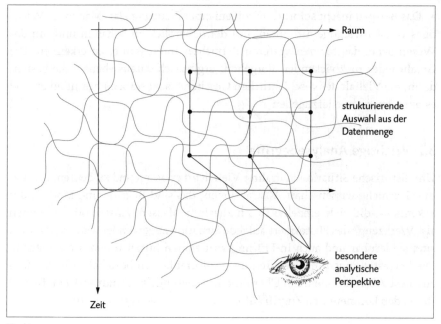

Struktur

In unserem Ausgangsbeispiel „**30. Januar 1933**" können Sie die historische Situation unter verschiedenen Blickwinkeln strukturieren. Als Frage formuliert, sind etwa folgende Perspektiven möglich:

- *Welche Personen und Personengruppen spielen bei der Ernennung Hitlers zum Reichskanzler eine Rolle? Was waren deren Interessen und Ziele? Welche gesellschaftlichen Gruppen stehen hinter diesen Personen?*
  Diese Fragen beziehen sich auf die **konkret Handelnden und ihr gesellschaftliches Fundament**: Wichtig sind der preußische Adel und die Nationalkonservativen als Bezugsgruppe Hindenburgs, Hindenburg selbst, sein engeres Umfeld und seine Biografie, Hitler als Exponent der Nationalsozialisten, Interessensgruppen in der deutschen Wirtschaft und die rechtskonservativen bürgerlichen Gegner der Weimarer Republik. Das Thema, die Struktur, nach der die Situation geordnet wird, ist in diesem Fall der **Gesellschaftsaufbau der Weimarer Republik**.

- *Welche politischen Parteien und innenpolitisch aktiven Personenkreise sind in der Situation relevant?*
  Die Frage verlangt, die Situation nach der **innenpolitischen Lage** zu strukturieren, z. B. nach Folgendem zu fragen: Welche Parteien haben welche politische Vorstellungen? Wer kann mit wem mit welchen Zielen kooperieren?

- *War die Ernennung Hitlers zum Reichskanzler verfassungspolitisch korrekt?*
  Die Frage ordnet das Geschehen in den **Verfassungszusammenhang** der Weimarer Republik ein: Um die Frage zu beantworten, sind die Kenntnis verfassungspolitischer Grundbegriffe und Detailwissen über die Weimarer Verfassung notwendig. Die zugrunde liegende Struktur lässt sich auch mit dem Schlagwort „Verfassungsgeschichte" beschreiben.
- *Ordnen Sie das Ereignis in die Entwicklung der NSDAP ein!*
  Die Aufgabe bezieht sich auf die **Chronologie** als Leitstruktur: D.h. Sie müssten, ausgehend von dem thematischen Schwerpunkt „Nationalsozialismus" die wesentlichen Etappen der Entwicklung dieser Partei seit ihrer Gründung nennen und das Ereignis damit verknüpfen.

Strukturvergleich
Eine Möglichkeit des wissenschaftlichen Erkennens sind auch Strukturvergleiche. Der Begriff erklärt von selbst, was gemeint ist: den analytischen Vergleich von Strukturen unterschiedlicher Zeiträume und historischer Situationen.

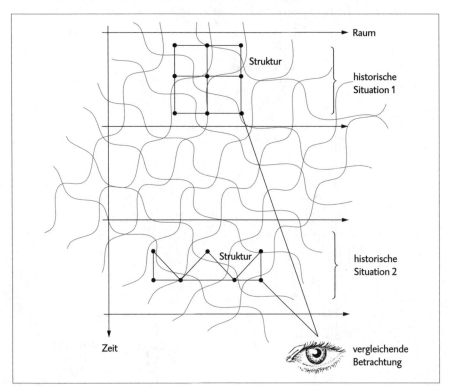

Strukturvergleich

Im Bezug auf das Beispiel „Machtergreifung 1933" könnte man die gesellschaftliche Schichtung der Kaiserzeit mit der der Weimarer Republik vergleichen und darin eine Belastung der Republik erkennen: In den politischen Abläufen der neuen Demokratie blieben die traditionellen sozialen Bindungen und die Bewusstseinslagen der unterschiedlichen sozialen Gruppen erhalten; das führte zu einer zunehmenden Verhärtung und Distanz zwischen Arbeiter- und bürgerlichen Parteien und zur Unlösbarkeit der innenpolitischen Krise in der Spätphase der Republik.

Situationsübergreifende Ordnungsmuster: Chronologie, Prozess und Kontinuität
Strukturen können, wie bereits beschrieben, als „horizontale" Ordnungen der Vielfalt einer historischen Situation angesehen werden. Geschichtliche Ereignisse sind aber auch in zeitlich übergreifenden, „vertikalen" Zusammenhängen mit anderen historischen Situationen verknüpft; auch diese Zusammenhänge werden in Aufgabenstellungen thematisiert. Sie lassen sich in den folgenden Begriffen konkretisieren.

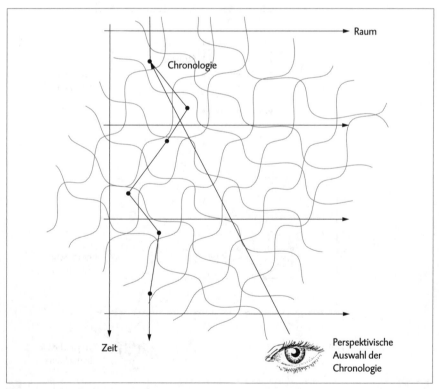

Chronologie: zeitliche Ordnung historischer Abläufe

Chronologien sind Ordnungsmuster, die Ereignisse nach dem Ablauf der Zeit in einen Zusammenhang bringen und so Entwicklungen und Prozesse beschreiben. Bei einer Chronologie ist natürlich immer entscheidend, welche Ereignisse und Geschehnisse man in die Darstellung einbezieht. Chronologien sind besonders effektiv, wenn sie nach einem Thema geordnet und in ihrer Datenfülle beschränkt werden.

Das folgende Beispiel ist eine einfache Chronologie, die einen sehr großen Zeitraum unter einem **thematischen** (deutsche Staatlichkeit) und einem **geografischen** Schwerpunkt (Deutschland) ordnet.
Die historische Entwicklung der deutschen Staatlichkeit

911/919	(Konrad I./Heinrich I.): Reichsgründung als ostfränkisch-deutsches Reich
seit 962	(Kaiserkrönung Ottos I.): Entwicklung zum „Heiligen Römischen Reich Deutscher Nation"
nach 1648	(Westfälischer Friede): Zersplitterung in weitgehend eigenständige Territorien unter der schwächer werdenden Klammer des Reichs
1806	(Verzicht Franz II. auf die Kaiserkrone): Ende des „Heiligen Römischen Reiches Deutscher Nation"
1815–1866	(Wiener Kongress): Deutscher Bund
1866	Preußisch-österreichischer Krieg und Gründung des Norddeutschen Bundes
1871	Gründung des Zweiten Deutschen Kaiserreichs unter Ausschluss Österreichs
1918	Ausrufung der (Weimarer) Republik
1933	„Machtergreifung" der Nationalsozialisten
1945	Erlöschen der deutschen Staatlichkeit und Besatzungherrschaft der Siegermächte des Zweiten Weltkriegs
1949	Gründung der Bundesrepublik Deutschland und der DDR
1990	Wiedervereinigung und Beitritt der DDR zur Bundesrepublik Deutschland

Auch das Problem der Chronologie wird bei diesem Beispiel klar. Es stellt sich die Frage, welche Ereignisse aufgenommen und welche ausgeschlossen werden sollen bzw. wie genau der Begriff „Staatlichkeit" definiert werden soll. Wenn Sie dieses Beispiel Ihrem Geschichtslehrer vorlegten, würden Sie die Fragwürdigkeit des Ordnungsmusters sicherlich sofort erfahren, denn er würde Gegenvorschläge machen, Daten ergänzen und andere einfügen.

Das Beispiel zeigt: Die Auswahl der Elemente einer chronologischen Ordnung bleibt letztlich dem einzelnen Historiker vorbehalten, der seine Entscheidung in der wissenschaftlichen Diskussion rechtfertigen muss. Auch Chronologien sind also Deutungen der Geschichte und nicht Abbilder eines eindeutigen Ablaufs.

Geschichte lässt sich deutend auch als **Prozess (Entwicklung)** ordnen. Der Begriff behauptet, dass man einen geschichtlichen Verlauf als in sich logische Entwicklung beschreiben kann. Prozesse haben eine chronologische und eine strukturelle Komponente: Die Chronologie ergibt sich aus dem zeitlichen Umfang des Prozesses, der strukturelle Aspekt aus den inhaltlichen Gesetzmäßigkeiten, die dem Ablauf zugesprochen werden.

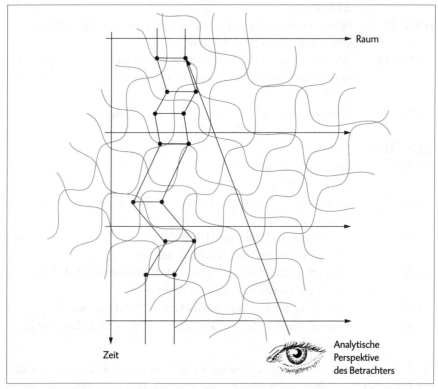

Prozess: chronologische und strukturierende Ordnung

Der Prozess des deutsch-deutschen Verhältnisses seit 1949 mit dem Endpunkt Wiedervereinigung ist ein vorwiegend **außenpolitisches Thema** (Ordnungselement); es enthält als zeitliche Komponente folgende grobe **Chronologie**:

- deutsch-deutsche Abgrenzung seit 1949 durch die Eingliederung in den Ost-West-Konflikt mit Sowjetisierung der DDR und Westintegration und Hallstein-Doktrin in der Bundesrepublik
- seit 1969 Annäherung im Rahmen der internationalen Entspannungspolitik und der neuen Ostpolitik der sozialliberalen Koalition: Grundlagenvertrag mit der DDR 1973 als Endpunkt dieser Etappe
- Wiedervereinigung nach dem Ende des Ost-West-Konflikts 1990

Die strukturellen **Gesetzmäßigkeiten** des Prozesses sind:
- Abhängigkeit der Außenpolitik beider deutscher Staaten von den Führungsmächten der beiden Blöcke
- ideologischer Gegensatz von Bundesrepublik und DDR mit den entsprechenden innenpolitischen, gesellschaftlichen und kulturellen Auswirkungen

Beide Aspekte besitzen ihre innere Logik: Die internationale Lage im Wechsel von Spannung und Entspannung verhinderte bzw. ermöglichte deutsch-deutsche Beziehungen. Die ideologische Absicherung der außenpolitischen Position durch die jeweiligen Regierungen hatte Folgen für die innere Situation der beiden deutschen Gesellschaften.

Entsprechend der Prozess-Logik können einzelne Ereignisse und Abläufe in den chronologischen Ablauf eingeordnet und dem ideologischen Muster des Prozesses zugewiesen werden. So ist die erfolgreiche, aber teuere und – wie das Beispiel Kinderdoping zeigt – manchmal rücksichtslose Sportpolitik der DDR als Versuch der Selbstbehauptung im deutsch-deutschen Gegensatz zu verstehen. Das sportpolitische Engagement mit allen Mitteln lässt sich also einer bestimmten Phase des deutsch-deutschen Gegensatz chronologisch zuordnen. Die Ziele und Motive des Vorgehens der DDR-Führung zeigen des Weiteren den ideologischen Kern des deutsch-deutschen Gegensatzes: Im „Wettstreit der Systeme" sollte die Überlegenheit des eigenen Gesellschaftsmodells demonstriert werden.

Kontinuität
Die Deutung einer historischen Entwicklung als zeitübergreifend und sinnhaft nennt man „Kontinuität". Eine Kontinuität erklärt also einen Sachverhalt aus seiner geschichtlichen Herkunft.

18 / Grundlagen

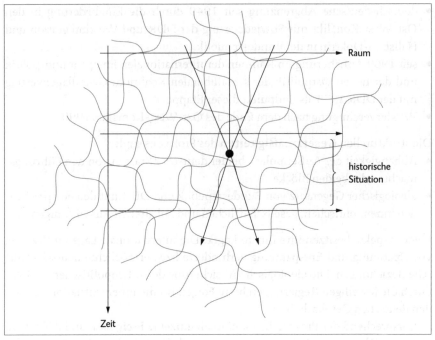

Kontinuität

In der Geschichtswissenschaft wird zum Beispiel die antidemokratische, obrigkeitshörige Haltung eines Teils der deutschen Bevölkerung seit dem 18. Jahrhundert als Kontinuität betrachtet: Sie hat ihre Wurzeln im preußischen Monarchismus, war nach der preußisch dominierten Reichsgründung von 1871 verantwortlich für den politischen Reformmangel der sich modernisierenden deutschen Gesellschaft und erklärt auch zum Teil das Scheitern der Weimarer Republik. Konkret hat es etwa das Denken der Entscheidungsträger bei der Ernennung Hitlers zum Reichskanzler mitbestimmt: Das Handeln Hindenburgs in der Situation 1933 ist also auch durch diese überlieferte und tief in den Köpfen vieler Deutscher verwurzelte antidemokratische Haltung zu erklären. In der Folge verhalf sie dem Nationalsozialismus zur Stabilisierung des Regimes. Und noch in der Geschichte der Bundesrepublik war das obrigkeitsstaatliche Denken bis in die 60er-Jahre hinein wirksam und wurde deswegen von den '68ern angegriffen; man verlangte damals eine Demokratisierung der Gesellschaft. Dies aufgreifend hieß ein Leitspruch der 1969 gewählten sozialliberalen Regierung: „Mehr Demokratie wagen!"

In der DDR war obrigkeitsstaatliches Denken zuletzt wirksam und wurde von der Führung auch bewusst zur Absicherung der eigenen Machtposition gepflegt. Soziologen sprechen noch heute davon, dass viele Menschen in den neuen Bundesländern durch antidemokratische Denkweisen geprägt würden; den starken Rechtsextremismus in Ostdeutschland erklären sie so auch als Folge der historischen antidemokratischen Traditionen.

Kontinuitätsbrüche
Nicht nur Kontinuitäten, sondern auch Brüche in der Kontinuität einer Entwicklung ermöglichen wichtige Hinweise zum Verständnis einer Situation.
Die materielle und zum Teil physische Vernichtung des ostpreußischen Adels durch Nationalsozialismus, Krieg und Nachkriegszeit stellt einen wesentlichen Bruch mit der Zeit vorher dar. Noch in der Weimarer Republik hatten die „ostelbischen Junker" eine entscheidende innenpolitische Rolle gespielt. Für die deutsche Nachkriegsgesellschaft gilt dies nicht mehr, und der Ausfall dieser Gruppe ist ein bemerkenswertes Moment der politischen und gesellschaftlichen Entwicklung der Nachkriegszeit. Manche Historiker deuten diesen Kontinuitätsbruch als „Glücksfall" für die demokratische Entwicklung der Bundesrepublik, andere allerdings bedauern den Verlust einer wichtigen nationalkonservativen Tradition.

Auf den Punkt gebracht: Die wichtigsten Analysebegriffe

Das Verständnis der folgenden Begriffe erleichtert Ihnen die Analyse einer Fragestellung, die Einschätzung des Erwartungshorizontes und die Gestaltung der schriftlichen Antwort:
- **Historische Situation**: Sie besteht aus allen möglichen Fakten eines durch einen bestimmten Raum und einen umgrenzten Zeitabschnitt definierten historischen Zusammenhangs.
- **Struktur**: Eine Struktur ordnet die vielen Fakten einer historischen Situation nach einer definierten Perspektive.
- **Strukturvergleich**: Er vergleicht die Strukturen unterschiedlicher historischer Situationen.
- **Chronologie**: Das ist ein Ordnungsmuster, das geschichtliche Ereignisse nach dem Ablauf der Zeit erfasst.
- **Prozess**: Dieses Ordnungsmuster gliedert Abläufe nach einer sinnhaften inneren und zeitlichen Logik.
- **Kontinuität**: Sie behauptet das Weiterbestehen einzelner Strukturen im Ablauf mehrerer historischer Situationen.
- **Kontinuitätsbruch**: Der Begriff bezeichnet das Zusammenbrechen einer über einen längeren Zeitraum bestehenden Entwicklung in einer bestimmten historischen Phase.

4 Prüfungsfragen im Unterrichtsfach Geschichte, ihre Anforderungsebenen und Leitbegriffe

Alle Aufgabenstellungen in Klausuren und Abituraufgaben im Fach Geschichte sind in einzelne Frageteile gegliedert, die Antworten unterschiedlicher Reichweite und Abstraktion erwarten. Die Fragestellungen bestehen immer aus:
- Einzelfragen
- Fragekombinationen
- Fragen zu Quellen

In den Abitur-Prüfungsaufgaben mit Lösungen des *Stark Verlags* können Sie sich eine Übersicht über die konkreten Aufgabenstellungen der letzten Jahre verschaffen. In allen Aufgaben werden Sie die bisher entwickelten Denkweisen und Begriffe indirekt oder im Wortlaut wiedererkennen. Die skizzierten Begriffe zur Analyse und Interpretation der Geschichte finden sich auch in den abgestuften Anforderungsebenen aller Prüfungen (also auch der Klausuren bzw. Schulaufgaben!) in allen Bundesländern. Diese Anforderungsebenen betreffen:
- Fakten und sicher nachvollziehbare Inhalte
- Zusammenhänge und Strukturen
- Bewertungen bzw. Urteile

In allen Oberstufenarbeiten sollte nach Maßgabe der Kultusministerien jeweils ungefähr ein Drittel der Bewertungseinheiten, also der zu erreichenden Punktzahlen, der jeweiligen Anforderungsebene zugeordnet sein. In zentral gestellten Abiturprüfungen wird dies verbindlich in den Aufgabenstellungen umgesetzt.

Die jeweilige **Anforderungsebene** einer Aufgabenstellung können Sie an den **Leitbegriffen** der Frage erkennen; diese sind ebenfalls in allen Bundesländern gleich. In der folgenden Übersicht werden die wichtigsten Begriffe aufgelistet und dem erläuterten Modell historischen Erkennens zugeordnet.

Denken Sie aber daran, dass eine genaue Abgrenzung der Anforderungsebenen in den einzelnen Fragestellungen oft schwierig ist! Versuchen Sie also genau zu erkennen, wie umfangreich oder tiefgreifend eine Antwort ausfallen soll; dies ist normalerweise durch den Kontext der Fragestellung und deren Verknüpfung mit den anderen Fragen der Aufgabe zu erschließen!

Stellen Sie sich zu Ihrer Orientierung vor der Antwort Fragen wie:
- Was ist das genaue Thema der Frage?
- Auf welche historische Situation oder auf welchen Situationsausschnitt bezieht sich die Fragestellung inhaltlich?
- Nach welchen Maßstäben, Mustern oder Strukturen verlangt die Frage?

4.1 Ebene der Inhalte und Fakten („Reproduktion")

Dieser Ebene sind alle Aufgaben zuzuordnen, die eine Darstellung von Fakten, Details und einfachen Zusammenhängen einer historischen Situation verlangen. Die entsprechenden Aufgaben erwarten
- sichere Kenntnisse zu den Inhalten der betreffenden historischen Situation
- und die Vollständigkeit der genannten bzw. beschriebenen Inhalte.

Sie erkennen diesen Anforderungsbereich an **Leitbegriffen** wie:

nennen	Aufzählen der Fakten ohne Erläuterung
skizzieren	Darlegen der wesentlichen Aspekte eines einfachen Zusammenhangs, um einen Überblick über einen Teilbereich einer historischen Situation zu schaffen; Bezug zu groben Strukturen
beschreiben, darlegen, darstellen	genaues Darstellen eines Situationsinhalts oder eines faktischen Zusammenhangs
wiedergeben	Darlegen von Inhalten einer Situation oder von Aspekten einer Quelle

Beispiele

- *Nennen Sie wesentliche politische, wirtschaftliche und militärische Zusammenschlüsse in Europa nach dem Zweiten Weltkrieg bis 1957, in denen die beiden deutschen Staaten eingebunden waren!*
  Die Frage ist einfach zu verstehen; Sie brauchen lediglich die Ihnen bekannten Zusammenschlüsse in Europa chronologisch geordnet aufzuzählen. Möglich wäre es dabei, die Positionen des Ost-West-Konflikts strukturierend in die Antwort einzubinden: Sie zählen dann die jeweiligen Bündnisse unterteilt in östliche und westliche auf!

- *Stellen Sie zwei verschiedene Formen des aktiven Widerstands gegen das NS-Regime dar!*
  Beschreiben Sie möglichst genau zwei Aspekte der historischen Situation „aktiver Widerstand" nach Personen oder Gruppen, konkreten Widerstandsmaßnahmen und Ideologie. Zugrunde liegend ist die Ordnung nach unterschiedlichen „Formen": z. B. konspirative Treffen und Planen eines staatlichen Gegenmodells, öffentliche Aktionen, Sabotage, Attentate.

- *Legen Sie dar, wie der „Aufbau des Sozialismus" in der DDR in politischer, gesellschaftlicher und wirtschaftlicher Hinsicht von 1949 bis 1955 aussah!*

Die Frage verlangt eine chronologische Darstellung der wichtigsten Inhalte einer bestimmten Situation. Sie gibt dabei die Schwerpunkte der Betrachtung vor: den „politischen, gesellschaftlichen und wirtschaftlichen" Bereich.

- *Skizzieren Sie anhand wesentlicher Maßnahmen die Grundlinien der inneren Entwicklung der SBZ bzw. DDR bis 1953!"*

Die Aufgabenstellung verlangt die Übersicht über die wichtigen inneren Entwicklungen und die dazu passenden wesentlichen Maßnahmen der Führung der SBZ bzw. der DDR bis 1953. Sie sollen also die wesentlichen Inhalte der historischen Situation „innere Entwicklung der DDR bis 1953" beschreiben. Die Frage geht bereits etwas über die Ebene der bloßen inhaltlichen Darstellung hinaus, weil sie als Hintergrund die Ordnung nach einer einfachen Chronologie (1945–1953) und das Erkennen der wesentlichen „Grundlinien" der Entwicklung, also eine fundamentale Strukturierung erwartet.

Aufgabe 1 *Beantworten Sie die erste Fragestellung mithilfe des dargelegten Vorgehens: Nennen Sie wesentliche politische, wirtschaftliche und militärische Zusammenschlüsse in Europa nach den Zweiten Weltkrieg bis 1957, in denen die beiden deutschen Staaten eingebunden waren!*

4.2 Ebene der Zusammenhänge und Strukturen („Reorganisation")

Dieser Anforderungsbereich verlangt die Ordnung und Strukturierung einer historischen Situation. Sie sollten

- den Überblick über die gesamte Situation besitzen,
- Wesentliches erkennen und
- Maßstäbe und Ordnungsmuster anwenden können.

Sie erkennen diesen Anforderungsbereich an **Leitbegriffen** wie:

erklären, erläutern	genaues Beschreiben und Einordnen eines Sachverhalts in sein Situationsumfeld
zuordnen, einordnen	Einbinden eines Sachverhalts in seinen Zusammenhang (Struktur, Kontinuität, Entwicklung o. ä.), der bekannt sein muss
gliedern	Ordnen der inhaltlichen Vielfalt einer Situation in eine logische, übersichtliche Reihenfolge; dabei Orientierung an einem gegebenen Thema

kennzeichnen, charakterisieren	genaues Beschreiben eines Sachverhalts und Herausstellen seiner für einen historischen Zusammenhang typischen Aspekte
analysieren, untersuchen, aufzeigen	Erläutern der Struktur oder Entwicklung einer umfassenden Situation nach einer logischen Ordnung

Beispiele

- *Erläutern Sie, welche inneren Entwicklungen der DDR in den 1970er-Jahren und 1980er-Jahren zu wachsenden Problemen für ihr Herrschaftssystem geführt haben!*
  Die Frage verlangt die inhaltliche Kenntnis der wichtigsten inneren Entwicklungen der DDR; entsprechend sollten Sie diese Inhalte zuerst darstellen. Der weitere Schritt verlangt aber, den Zusammenhang zwischen Entwicklung und den Problemen der DDR-Führung erklärend herzustellen: „Erläutern" Sie also, wie die Entwicklungen problematisch geworden sind!

- *Kennzeichnen Sie die politischen Bestrebungen des DDR-Regimes, die im Bau der Mauer zum Ausdruck kommen!*
  Sie müssen von einem konkreten historischen Geschehen ausgehen und damit wesentliche politische Strategien verknüpfen; Sie kennzeichnen also ein konkretes Geschehen als Ausdruck einer übergreifenden Strategie, belegen aber umgekehrt auch das Vorhandensein einer solchen Strategie durch ein konkretes historisches Geschehen.

- *Ordnen Sie die verschiedenen Phasen der Deutschlandpolitik der Bundesrepublik von 1949–1989 in die Entwicklung der Ost-West-Beziehungen ein!*
  Sie müssen die Deutschlandpolitik der Bundesrepublik zuerst inhaltlich, aber nach den „Phasen" gegliedert, beschreiben; im zweiten Schritt ordnen Sie diese Phasen der Entwicklung der internationalen Beziehungen zu. In beiden Fällen brauchen Sie Detail- und Strukturwissen: bei den Phasen der deutschen Außenpolitik *und* den unterschiedlichen Entwicklungsschritten der internationalen Politik. Dazu kommt die Fähigkeit, beide Strukturen aufeinander zu beziehen. Die Vorgehensweise lässt sich vereinfachen, indem Sie jeder Phase der deutschen Politik gleich ihr internationales Pendant zuordnen. In diesem Fall wäre es geschickt, die Antwort mit einer klaren Bewertung zu beginnen, die die Abhängigkeit der deutschen Außenpolitik von der internationalen Situation darlegt.

Aufgabe 2 *Beantworten Sie die letzte Fragestellung nach der dargestellten Vorgehensweise: Ordnen Sie die verschiedenen Phasen der Deutschlandpolitik der Bundesrepublik in die Entwicklung der Ost-West-Beziehungen ein!*

4.3 Ebene der Bewertung und des Urteils („Transfer")

Der anspruchsvollste Prüfungsbereich verlangt die Fähigkeit,
- größere historische Entwicklungen zu überblicken.
- Zusammenhänge zwischen verschiedenen Bereichen einer historischen Situation oder zwischen unterschiedlichen Situationen herzustellen,
- Strukturvergleiche zu entwickeln,
- deutende Bewertungen und Urteile argumentierend aufzubauen.

Denken Sie bei jeder der folgenden Leitfragen daran, Bewertungen und Urteile durch konkrete Inhalte, Zusammenhänge und Strukturen einer Situation zu begründen!

Sie erkennen diesen Anforderungsbereich an **Leitbegriffen** wie:

nachweisen	Begründen einer in der Fragestellung gegebenen These durch selbst gewählte Inhalte und Zusammenhänge der Situation
vergleichen, gegenüberstellen	Bestimmen von Gleichem und Unterschieden verschiedener Situationen; Ausgehen von Strukturen oder anderen abstrakten Zusammenhängen; abschließende Bewertung des Vergleichs
bewerten, beurteilen, interpretieren, überprüfen, Stellung nehmen	Formulieren einer abwägenden These; Begründung im Bezug auf Fakten oder Zusammenhänge der historischen Situation
erarbeiten, entwickeln, untersuchen, erörtern, diskutieren	Darstellen und Bewerten der Fakten und Strukturen eines größeren Zusammenhangs

Beispiele

- *Vergleichen Sie das Verhalten des Staates gegenüber der katholischen Kirche in der Bismarckzeit und während der nationalsozialistischen Herrschaft!*
  Die Frage ist einfach aufgebaut: Sie beschreiben zuerst die wesentlichen Maßnahmen und ideellen Hintergründe der staatlichen Kirchenpolitik in beiden Zeiträumen. Im zweiten Schritt stellen Sie Gemeinsamkeiten und Unterschiede heraus und entwickeln daraus eine zusammenfassende Bewertung.

- *Erörtern Sie an einem aussagekräftigen Beispiel, inwieweit sich die internationale Rolle der Bundesrepublik durch die deutsche Vereinigung geändert hat!*
  Der Leitbegriff „erörtern" zielt auf eine umfassende Situationsanalyse. Die Frage verlangt eine Bewertung, die als Begründung Deutschlands Rolle vor und nach 1989 zusammenfassend vergleicht und daraus eine klare These entwickelt. Sie sollten also zuerst die wesentlichen Aspekte (Strukturen) der internationalen Situation der Bundesrepublik vor und nach 1989 beschreiben; im zweiten Schritt bestimmen Sie die Veränderungen und die Kontinuitäten; im dritten Schritt ordnen Sie die veränderten Aspekte einer Beispielsituation zu – etwa der neuen Rolle der Bundeswehr bei internationalen Militäreinsätzen.

- *Beurteilen Sie die Einflussmöglichkeiten der Parteien auf die Reichspolitik in der Ära Bismarck!*
  Die Frage ist relativ offen formuliert; deswegen hängt die Qualität der Antwort von Ihrer Gliederung ab. Auf jeden Fall benötigt Ihre Antwort ein explizites Urteil und eine systematische Begründung mithilfe der Fakten bzw. Strukturen der historischen Situation; sie können dabei das Urteil zuerst formulieren und dann die Begründung nachliefern, oder Sie ordnen erst das historische Feld und entwickeln daraus die Bewertungs-These! Die Begründung sollte von der Rolle der Parteien in der Reichsverfassung von 1871 ausgehen: Nennen Sie dabei als Erstes die Elemente der Verfassung, die den Parteien Einfluss gaben, und zum Zweiten die Aspekte, die für das Gegenteil sprechen. Ordnen Sie dieser Gegenüberstellung Ihr Urteil zu; dabei empfiehlt sich in diesem Fall eine Abwägung, die die Einflussmöglichkeiten beider Positionen einschätzend vergleicht und daraus ein Übergewicht für eine Seite behauptet.

Aufgabe 3   *Beantworten Sie die Frage nach der erarbeiteten Vorgehensweise: Beurteilen Sie die Einflussmöglichkeiten der Parteien auf die Reichspolitik in der Ära Bismarck!*

Auf den Punkt gebracht

Ebene der Inhalte und Fakten („Reproduktion")
Dieser Ebene sind alle Aufgaben zuzuordnen, die eine Darstellung von Fakten, Details und einfachen Zusammenhängen einer historischen Situation verlangen.
Die entsprechenden Aufgaben erwarten:
- sichere Kenntnisse zu den Inhalten der betreffenden historischen Situation
- die Vollständigkeit der genannten bzw. beschriebenen Inhalte

Ebene der Zusammenhänge und Strukturen („Reorganisation")
Dieser Anforderungsbereich verlangt die Ordnung und Strukturierung einer historischen Situation, also:
- den Überblick über die gesamte Situation
- die Ordnung nach dem Wesentlichen
- die Anwendung von Maßstäben und Ordnungsmustern

Ebene der Bewertung und des Urteils („Transfer")
Der anspruchsvollste Prüfungsbereich verlangt:
- den Überblick über größere historische Entwicklungen
- das Herstellen von Zusammenhängen zwischen verschiedenen Bereichen einer historischen Situation oder zwischen unterschiedlichen Situationen
- Strukturvergleiche
- deutende Bewertungen und Urteile

Die Interpretation von Quellen jeder Art ist inzwischen Standard jeder Aufgabenstellung im Fach Geschichte. Lerntechnisch verlangt die Quellenerarbeitung neben der konkreten analytischen Arbeit immer die Reorganisation vorhandenen Wissens, z. B. bei der Einordnung der Quelle in ihre Situationszusammenhänge. Im Normalfall wird deswegen folgendes Vorgehen verlangt sein:
- inhaltliche Aufbereitung der Quelle
- Einordnen der Inhalte in die Zusammenhänge, Strukturen oder Entwicklungen einer Situation
- Bewerten der dargestellten Sachverhalte nach einer Fragestellung

Die ausführlichen folgenden Erläuterungen und Übungen werden Ihnen ein systematisches Vorgehen bei der Erarbeitung von Quellen aller Art ermöglichen.

Textquellen

Textquellen werden in Schulaufgaben und Abiturprüfungen im Fach Geschichte von allen Quellenarten am häufigsten herangezogen. Dabei können unterschiedlichste Texte Verwendung finden. Im Folgenden wird erstens ein Analyse-Modell entwickelt, mit dem Sie jede Textquelle bearbeiten können. Der zweite Schwerpunkt ist die Unterscheidung einiger Grundformen von Textquellen, um Ihnen den Zugriff auf den einzelnen Prüfungstext zu erleichtern. Dabei werden **folgende Arten von Textquellen** näher erläutert:
- offizielle Text-Dokumente
- ideologische Texte
- narrative Textquellen
- literarische Textquellen

Im Vergleich wird im Anschlusskapitel der Umgang mit „wissenschaftlichen Texten" eingeübt.

1 Aufbau einer systematischen Analyse von Textquellen

1.1 Grundlegender Erwartungshorizont

Die Fragestellungen der meisten schriftlichen Prüfungen geben für die Bearbeitung der einzelnen Texte entscheidende Hilfestellungen: Die Fragen formulieren im Normalfall eine genaue Erwartung an die Analyse; sie sagen Ihnen also, nach welchen Gesichtspunkten Sie den Text zu untersuchen haben. Die genauen Erwartungen zu erkennen, ist aber in vielen Fällen gar nicht so einfach: Aufgaben können sehr komplex oder verdichtet gestellt sein, und deswegen ist es immer wichtig, die tatsächlichen Anforderungen sicher zu erkennen. Die folgenden Beispiele und Aufgaben werden dementsprechend auf die präzise Analyse der Erwartungshorizonte achten.

Unabhängig von den Schwerpunkten der einzelnen Aufgaben werden normalerweise in jeder Prüfung die folgenden Sachverhalte erwartet:
- Immer verlangt wird die **Aufbereitung des Inhalts:** Sie müssen dabei einen umfassenderen Text nach einem Leitthema ordnen und die wesentlichen Aspekte der Thematik zusammenfassend darstellen.

- Fast immer müssen Sie den Quellengehalt mit der **historischen Situation** verknüpfen, der der Text entstammt! Das kann sich auf die ganze Quelle oder auf Textdetails beziehen.
- Oft steht der **Standpunkt des Quellenproduzenten** im Mittelpunkt einer Fragestellung! Die Quellenposition muss dann in einer Bewertung zusammengefasst werden; das Urteil muss durch die Zuordnung der Textinhalte begründet werden.
- Manchmal müssen Sie den **Quellengehalt situationsextern bewerten**, ihn also einer Kontinuität, einer Entwicklung, einem historischen Prozess oder einer Struktur erklärend zuordnen!

Auf den Punkt gebracht

Grundlegender Erwartungshorizont zur Erarbeitung von Textquellen:
- Aufbereitung des Inhalts
- Bezüge zur historischen Situation
- Analyse des Quellenstandpunkts
- Bewertung bzw. Einordnung des Quellengehalts

1.2 Verstehen der Fragestellung

Bei den meisten schriftlichen Abiturprüfungen haben Sie die Auswahl aus mehreren Aufgabenstellungen. Es empfiehlt sich von daher, vor der Auswahl die Fragestellungen zu analysieren: Das dient dazu, die in den Aufgaben enthaltenen Erwartungen genau abzuschätzen, um daraus die richtige Entscheidung für eine Aufgabe zu treffen.

Im Folgenden wird an einigen Beispielen demonstriert, wie Sie Aufgabenstellungen analysieren können. Lassen Sie sich bei Ihren ersten Versuchen, die Sie mithilfe des Modells durchführen, nicht durch den vielleicht hohen Zeitaufwand irritieren; bei etwas Übung werden Sie in der Lage sein, den Gehalt und die Qualität von Aufgaben sehr schnell zu verstehen.

Beispiele

- *Erarbeiten Sie aus dem beigefügten Wahlaufruf des Zentrums zu den Reichstagswahlen 1887 die Ziele der Partei und erläutern Sie, welche dieser Ziele als Reaktion des Zentrums auf Erfahrungen des politischen Katholizismus seit der Reichsgründung verstanden werden können!*

Die Fragestellung definiert den Textzugang genau; der ideologische Standpunkt der genannten Partei ist von vorneherein klar: Sie müssten aus dem Text die einzelnen Ziele der Partei „Zentrum" herausarbeiten. Die Anforderung „Herausarbeiten" beinhaltet auch die kurze Erläuterung der einzelnen im Text genannten Ziele, falls sich diese nicht von selbst verstehen. Hilfreich ist für die Beantwortung dieser Teilfrage natürlich die Kenntnis der Ziele des „Zentrums"; das Vorwissen ist aber nicht unbedingt notwendig, da der Text die wesentlichen Ziele enthält.

Der zweite Frageteil verlangt, den Textgehalt auf seinen historischen Kontext zu beziehen: Sie müssten die infrage kommenden Ziele den dazu passenden historischen Ereignissen zuordnen; dazu sind natürlich erlernte Hintergrundkenntnisse notwendig.

- *Erarbeiten Sie anhand der Argumentation des beigefügten Textes die Einstellung des Verfassers zu einer Opposition in der DDR!*

Die Aufgabe zielt auf den ideellen Standpunkt der Quelle, der bei diesem Text (Antwort eines Chefredakteurs auf einen Leserbrief) nicht von vorneherein klar ist. Die ideologische Position des Briefes müssten Sie in einer Ausgangsthese explizit beschreiben. Ihr Urteil sollte durch die Argumente des Schreibers begründet werden. Der Text müsste also nach den einzelnen Argumenten untersucht und strukturiert werden.

Das folgende **Übungsbeispiel** soll Ihnen das systematische Vorgehen bei einer umfangreicheren Textanalyse demonstrieren:

Rede Kaiser Wilhelms II. am 18. Oktober 1899

1 Es ist ein feierlicher Akt, dem wir soeben beigewohnt haben, als wir ein neues Stück schwimmender Wehrkraft des Vaterlandes seinem Element übergeben konnten. Ein
5 jeder, der ihn mitgemacht, wird wohl von dem Gedanken durchdrungen gewesen sein, dass das stolze Schiff bald seinem Berufe übergeben werden könne; wir bedürfen seiner dringend und bitter not ist
10 uns eine starke deutsche Flotte. [...] Jetzt ist unser Vaterland durch Kaiser Wilhelm den Großen neu geeint und im Begriff, sich nach außen hin herrlich zu entfalten. Und gerade hier inmitten dieses mächtigen
15 Handelsimperiums empfindet man die Fülle und Spannkraft, welche das deutsche Volk durch seine Geschlossenheit seinen Unternehmungen zu verleihen imstande ist. Aber auch hier weiß man es am höchs-
20 ten zu schätzen, wie notwendig ein kräftiger Schutz und die unentbehrliche Stärkung unserer Seestreitkräfte für unsere auswärtigen Interessen sind.
  Doch langsam nur greift das Gefühl
25 hierfür im deutschen Vaterlande Platz, das leider noch zu sehr seine Kräfte in fruchtlosen Parteiungen verzehrt. Mit tiefer Besorgnis habe Ich beobachten müssen, wie langsame Fortschritte das Interesse und
30 politische Verständnis für große, weltbewegende Fragen unter den Deutschen gemacht hat.

Blicken wir um uns her, wie hat seit einigen Jahren die Welt ihr Antlitz verändert. [...] Dadurch sind die Aufgaben für unser Deutsches Reich und Volk in mächtigem Umfange gewachsen und erheischen für Mich und Meine Regierung ungewöhnliche und schwere Anstrengungen, die nur dann von Erfolg gekrönt sein können, wenn einheitlich und fest, den Parteiungen entsagend, die Deutschen hinter uns stehen. Es muss dazu aber unser Volk sich entschließen, Opfer zu bringen. Vor allem muss es ablegen seine Sucht, das Höchste in immer schärfer sich ausprägenden Parteirichtungen zu suchen. Es muss aufhören, die Partei über das Wohl des Ganzen zu stellen. Es muss seine alten Erbfehler eindämmen, alles zum Gegenstand ungezügelter Kritik zu machen und es muss vor den Grenzen Halt machen, die ihm seine eigensten vitalsten Interessen ziehen. Denn gerade diese alten politischen Sünden rächen sich jetzt schwer an unseren Seeinteressen und unserer Flotte. Wäre ihre Verstärkung Mir in den ersten acht Jahren Meiner Regierung trotz inständigen Bittens und Warnens nicht beharrlich verweigert worden, wobei sogar Hohn und Spott mir nicht erspart geblieben sind, wie anders würden wir dann unseren blühenden Handel und unsere überseeischen Interessen fördern können!

Doch Meine Hoffnungen, dass der Deutsche sich ermannen werde, sind noch nicht geschwunden. Denn groß und mächtig schlägt die Liebe in ihm zu seinem Vaterlande. [...]

1. *Erschließen Sie aus dem Text die außenpolitischen Vorstellungen Wilhelms II.! Weisen Sie die epochentypischen Denkweisen nach!*

2. *Stellen Sie anhand der Auswertung geeigneter Beispiele typische Vorgehensweisen der wilhelminischen Außenpolitik bis zum Ersten Weltkrieg dar!*

3. *Erläutern Sie anhand des Textes die Einschätzung der Parteien durch den Kaiser vor dem Hintergrund seiner Herrschaftsauffassung!*

Erster Arbeitsschritt: Klären des Themas und der historischen Situation
Die Aufgabe enthält drei thematische Schwerpunkte: Die erste Frage verlangt, im Text nach dem **außenpolitischen Konzept** Wilhelms II. zu suchen und dann die **epochentypischen Denkweisen** zu erarbeiten. Die dritte Frage hat als Thema die **innenpolitische Haltung Wilhelms II. zu den Parteien**. Die historische Situation, auf die sich alle Fragen beziehen, ist das Deutsche Reich in der Epoche des Wilhelminismus (1890–1918).

Zweiter Arbeitsschritt: Verdeutlichen des Quellenstandpunkts
Die ideelle Position des Quellenproduzenten ist eindeutig: Es handelt sich um den Kaiser Wilhelm II.; die Aufgabe verlangt, dessen Position mithilfe des Textes näher zu definieren. Der Horizont der Erarbeitung ist also die Selbstsicht des wilhelminischen Systems.

Dritter Arbeitsschritt: Analyse der einzelnen Fragen
Die drei Fragen enthalten unterschiedliche Anforderungsebenen mit verschieden starkem Textbezug:
- Die erste Frage ist die **eigentliche Textarbeit**: Nach einer gegebenen Fragestellung sollen einzelne Textaspekte herausgearbeitet werden! Die Fragestellung definiert dabei zwei Analyse-Raster: die außenpolitischen Vorstellungen Wilhelms II. und die epochentypischen Denkweisen des Wilhelminismus. Der zweite Anforderungsbereich benötigt zu seiner Bewältigung Hintergrundwissen zur Epoche des Wilhelminismus.
- Die zweite Frage verlässt den Text und erwartet ohne Textbezug eine **Darstellung des Situationszusammenhangs** der Quelle: Sie sollten die Struktur der wilhelminischen Außenpolitik kennen und einzelne Ereignisse den Elementen der Struktur zuordnen können!
- Die dritte Frage ist komplex: Sie sollen erstens aus dem Text zusammenfassend beschreiben, wie Wilhelm die Parteien einschätzt. Im zweiten Schritt sollen Sie Wilhelms Herrschaftsauffassung darlegen und dann den Zusammenhang zwischen seinem Parteienverständnis und dieser Grundhaltung bestimmen.

Vierter Arbeitsschritt: Erkennen der Situationszusammenhänge
In diesem Rahmen sollten alle Bereiche geklärt werden, auf die der Text bezogen werden muss.
- In der ersten Frage sollen die „epochentypischen Denkweisen" mit dem Quelleninhalt verknüpft werden. Dazu ist die Kenntnis dieser Merkmale nötig; sie lassen sich als ideelle Struktur des Wilhelminismus beschreiben.
- Zur Quelle sollen – wie erwähnt – in der zweiten Frage die „typischen Vorgehensweisen" der wilhelminischen Außenpolitik nachgezeichnet werden.
- Die dritte Frage bezieht die Quelle auf die Struktur der Herrschaftsauffassung Wilhelms II.

Fünfter Arbeitsschritt: Bewerten der Qualität der Aufgabe

Vorarbeit: Schema zur Analyse der Fragestellung	
Textarbeit	Situationskenntnis
Frage 1 • außenpolitische Vorstellungen Wilhelms II. • epochentypische Denkweisen, die in der Rede sichtbar werden	• Kennzeichen der Epoche „Wilhelminismus"
Frage 2	• typische Vorgehensweisen der wilhelminischen Außenpolitik (Beispiele)
Frage 3 • Einschätzung der Parteien durch Wilhelm II.	• Herrschaftsauffassung Wilhelms II.

Diese Fragestellung legt den *Schwerpunkt auf die Quellenarbeit;* daraus sollen Bezüge zur historischen Situation hergestellt werden. Die Hintergrundfrage ist aufgrund der freien Wahl der Beispiele relativ leicht zu beantworten.

Auf den Punkt gebracht: Verstehen der Fragestellung

Folgende Arbeitsschritte ermöglichen die sichere Einschätzung der Anforderungen einer Fragestellung:
- Klärung des Themas und der historischen Situation
- Verdeutlichen des Quellenstandpunkts
- Analyse der einzelnen Fragen
- Erkennen der erwarteten Bezüge zur historischen Situation
- Bewerten der Qualität der gesamten Aufgabe

Aufgabe 4 Stellungnahme Hitlers zur Verfassung der Weimarer Republik (1929)

1 Ob die Weimarer Verfassung im Einzelnen die Macht den Ministern gibt oder dem Reichskanzler, dem Reichspräsidenten oder dem Parlament, kommt am Ende immer 5 wieder auf dasselbe hinaus. Denn alle diese Faktoren sind miteinander verwandte Erscheinungen unserer „westlichen" Demokratie. Sie wurzeln in einem vermeintlichen „Volkswillen", dessen Charakteristikum 10 aber in der Tatsache liegt, dass er den inneren wirklichen Willen des Volkes nicht im Geringsten repräsentiert. Die parlamentarischen Majoritäten des Reichstags sowohl als der Reichspräsident, die Reichs- 15 minister und der Reichskanzler sind eben nicht Erwählte des „Volkswillens", vielmehr Gewählte der öffentlichen Meinung. Diese öffentliche Meinung kann aber nie-

mals mit dem Volkswillen an sich identifiziert werden. Sie ist nur der Ausdruck der mangelhaften politischen Einsicht sowie des beschränkten politischen und ökonomischen Verständnisses der Masse. Diese mangelnde Einsicht der Masse wird in der Demokratie von den Fabrikanten der öffentlichen Meinung in geschicktester Art und Weise berücksichtigt und verwendet, um mithilfe der Presse und des Einwirkens ähnlicher Faktoren eine Meinung zu verbreiten, die, je öffentlicher sie auftritt, um so weniger dem wirklichen inneren Volkswillen entspricht. Solange aber dieser künstlich erzeugten und durch die Presse geleiteten öffentlichen Meinung und dem treibenden Kapital dahinter nicht eine politische Kraft gegenübersteht, die von diesen Faktoren unabhängig ist und nur den natürlichen inneren Willen des Volkes repräsentiert, werden Versuche, auf dem Wege von Majoritätsentscheidungen Änderungen in einer Verfassung durchzuführen, immer belanglos bleiben. [...]

In Deutschland zeigt sich das Bild der Demokratie in einer so erbärmlichen Weise, dass es unverständlich ist, von ihr zu erwarten, dass sie selbst auf eine Stelle mit größtem Wirkungsvermögen Männer starker Energie setzen wird, außer sie ist sich der Tätigkeitsrichtung derselben von vorneherein vollständig sicher, das heißt: Die Repräsentanten werden im Sinne und im Wesen der Demokratie die Volkszersetzung weiter fortführen.

Ein Mann aber, der von der Vorsehung – und an diese ist auch hier zu glauben – zum Führer bestimmt ist, wird sich ohnehin sein Handeln niemals durch die lächerlichen Kompetenz-Grenzen einer Verfassung vorschreiben oder beengen lassen, wenn das Handeln nach der Verfassung zum Ruin seines Volkes führen muss. Sollte aber ein im öffentlichen Leben stehender politischer Führer von anderen, also dritter Stelle aus zur „Diktatur" ausersehen sein und nun die Erfüllung dieses Wunsches von der Erweiterung der verfassungsmäßig festgesetzten Rechte abhängig machen, dann soll man den nur gleich zum Teufel jagen und sich nicht von solch einem Schwächling blenden lassen; denn der beweist damit klar und eindeutig, dass ihm die höhere, ihn selbst zwingende Befähigung für diese Mission vollkommen fehlt. Niemals wird ein nicht zum Höchsten berufener Mann, nur durch eine von anderer Seite vorgenommene Erleichterung seines Weges, zu höchsten Entschlüssen und Taten kommen. Denn die letzte Kraft wächst ja gerade im Kampf mit den Widerständen, und die größten, entscheidenden Handlungen, die geniale Köpfe dieser Erde ausführten, waren nicht wenig bedingt durch die meist notwendige Vernichtung gegnerischer Kräfte und deren Einrichtungen.

Analysieren Sie die folgende Fragestellung nach dem oben demonstrierten Muster!
1. *Skizzieren Sie die innere Entwicklung der Weimarer Republik zwischen 1924 und dem Frühjahr 1930!*
2. *Erarbeiten Sie aus dem Text die grundsätzliche Auffassung Hitlers über die Demokratie!*
3. *Hitler behauptet, dass die Weimarer Republik den „inneren wirklichen Willen des Volkes nicht im geringsten repräsentiert". Überprüfen Sie diese Behauptung Hitlers vor dem Hintergrund der politischen Realität der Weimarer Republik!*
4. *Beschreiben Sie die verfassungsmäßige Stellung des Reichspräsidenten in der Weimarer Republik und erläutern Sie Hindenburgs politisches Handeln von 1930 bis 1933!*
5. *Stellen Sie an zwei Maßnahmen dar, wie Hitler und die Nationalsozialisten bis zum Sommer 1934 die „Vernichtung gegnerischer Kräfte und deren Einrichtungen" (Z. 83 f.) verwirklichten!*

1.3 Bearbeiten von Textquellen

Sobald Sie sich für eine Aufgabe entschieden haben, sollten Sie – noch vor einer ausformulierten Antwort – die Textquelle zuerst bearbeiten. Im Folgenden wird die Vorgehensweise an der Rede Kaiser Wilhelms II. vom 18. Oktober 1899 beispielhaft demonstriert. Sie können nach der folgenden Systematik vorgehen:

Erster Arbeitsschritt: Verdeutlichen der Quellenposition
Vergegenwärtigen Sie sich noch einmal die Art und den Standpunkt der Quelle, soweit das vorab möglich ist!

Die Textquelle ist eine Rede des deutschen Kaisers Wilhelm II., in der er seine Position zur deutschen Außenpolitik darlegt. Wilhelm II. wird als führender Vertreter der nach ihm benannten Epoche des „Wilhelminismus" (1890–1918) genau die Positionen des politischen Systems und seines Establishments vertreten.

Zweiter Arbeitsschritt: Definition des Erwartungshorizonts
Klären Sie noch einmal (nach der ersten Analyse der Fragestellung) die genaue Erwartung der Textfragen!

- *Erschließen Sie aus dem Text die außenpolitischen Vorstellungen Wilhelms II.! Weisen Sie die epochentypischen Denkweisen nach!*
  Die grundlegenden „außenpolitischen Positionen" Wilhelms II. sind der erste entscheidende Untersuchungsgegenstand der Textarbeit. Als Zweites sollen Sie aus dem Text typische Denkweisen der Epoche „Wilhelminismus" herausarbeiten.

- *Erläutern Sie anhand des Textes die Einschätzung der Parteien durch den Kaiser vor dem Hintergrund seiner Herrschaftsauffassung!*
  Hier müssen Sie die Einschätzung der Parteien klären, die in der Rede Wilhelms II. enthalten ist. Der Bezug zur Herrschaftsidee des Redners ist der zweite Aspekt der Fragestellung.

Dritter Arbeitsschritt: Grafische Strukturierung der Textquelle
Ausgehend von der konkreten Erwartung, die die Aufgabe vorgibt, sollten Sie in der nächsten Phase den Text durch eine grafische Bearbeitung ordnen und strukturieren. Durch dieses Vorgehen umgehen Sie die häufig vorkommenden **Hauptfehler** einer Textquellenanalyse:

- Vermeiden Sie **Nacherzählungen** und **wörtliche Paraphrasen** des Textes! Dadurch würde sichtbar, dass Sie den Text nicht verstanden haben oder nicht in der Lage sind, die wesentlichen Aspekte herauszuarbeiten.
- Übersehen Sie nichts Wesentliches! Das führt zwangsläufig zu Punktabzügen.

Rede Kaiser Wilhelms II. am 18. Oktober 1899

Es ist ein feierlicher Akt, dem wir soeben beigewohnt haben, als wir ein neues Stück schwimmender Wehrkraft des Vaterlandes seinem Element übergeben konnten. Ein
5 jeder, der ihn mitgemacht, wird wohl von dem Gedanken durchdrungen gewesen sein, dass das stolze Schiff bald seinem Berufe übergeben werden könne; wir bedürfen seiner dringend und bitter not ist
10 uns eine starke deutsche Flotte. […] Jetzt ist unser Vaterland durch Kaiser Wilhelm den Großen neu geeint und im Begriff, sich nach außen hin herrlich zu entfalten. Und gerade hier inmitten dieses mächtigen
15 Handelsimperiums empfindet man die Fülle und Spannkraft, welche das deutsche Volk durch seine Geschlossenheit seinen Unternehmungen zu verleihen imstande ist. Aber auch hier weiß man es am höchs-
20 ten zu schätzen, wie notwendig ein kräftiger Schutz und die unentbehrliche Stärkung unserer Seestreitkräfte für unsere auswärtigen Interessen sind.
Doch langsam nur greift das Gefühl
25 hierfür im deutschen Vaterlande Platz, das leider noch zu sehr seine Kräfte in fruchtlosen Parteiungen verzehrt. Mit tiefer Besorgnis habe Ich beobachten müssen, wie langsame Fortschritte das Interesse und
30 politische Verständnis für große, weltbewegende Fragen unter den Deutschen gemacht hat.
Blicken wir um uns her, wie hat seit einigen Jahren die Welt ihr Antlitz ver-
35 ändert. […] Dadurch sind die Aufgaben für unser Deutsches Reich und Volk in mächtigem Umfange gewachsen und erheischen für Mich und Meine Regierung ungewöhnliche und schwere Anstrengun-
40 gen, die nur dann von Erfolg gekrönt sein können, wenn einheitlich und fest, den Parteiungen entsagend, die Deutschen hinter uns stehen. *Es muss dazu aber unser Volk sich entschließen, Opfer zu bringen.*
45 Vor allem muss es ablegen seine Sucht, das Höchste in immer schärfer sich ausprägenden Parteirichtungen zu suchen. Es muss aufhören, die Partei über das Wohl des Ganzen zu stellen. *Es muss seine alten*
50 *Erbfehler eindämmen, alles zum Gegenstand ungezügelter Kritik zu machen* und es muss vor den Grenzen Halt machen, die ihm seine eigensten vitalsten Interessen ziehen. Denn gerade diese alten politischen
55 Sünden rächen sich jetzt schwer an unseren Seeinteressen und unserer Flotte. Wäre ihre Verstärkung Mir in den ersten acht Jahren Meiner Regierung trotz inständigen Bittens und Warnens nicht beharrlich
60 verweigert worden, wobei sogar Hohn und Spott mir nicht erspart geblieben sind, wie anders würden wir dann unseren blühenden Handel und unsere überseeischen Interessen fördern können!
65 Doch Meine Hoffnungen, dass der Deutsche sich ermannen werde, sind noch nicht geschwunden. Denn groß und mächtig schlägt die Liebe in ihm zu seinem Vaterlande. […]

Vierter Arbeitsschritt: Gliedern der Antwort

Entwickeln Sie nach den genauen Anforderungen der Fragestellung und Ihrer Textbearbeitung eine Grobgliederung der ausformulierten Antwort.

- *Erschließen Sie aus dem Text die außenpolitischen Vorstellungen Wilhelms II.! Weisen Sie die epochentypischen Denkweisen nach!*

Der erste Frageteil ist einfach zu organisieren; er verlangt eine **erläuternde Aufzählung** der im Text sichtbaren „außenpolitischen Vorstellungen": erstens der Flottenpolitik als Aufbau einer starken, weltweit agierenden Seemacht sowie zweitens der imperialistischen, expansiven Außenpolitik.

Struktur der Antwort:

```
Aufzählung
•
•
•
•
```

Der zweite Aspekt der Fragestellung ist schriftlich ebenfalls unproblematisch zu organisieren. Erwartet wird die **erklärende Aufzählung** der typisch wilhelminischen Denkweisen, die im Text zu finden sind:
- Imperialismus: aggressive Machterweiterung nach außen
- Dominanz militärischer Denkformen: Aufbau einer starken Flotte zur Sicherung und Durchsetzung nationaler Interessen
- Nationalismus: übersteigerte Wertschätzung des eigenen „Vaterlandes" und Reiches
- monarchistisches Denken: Anspruch auf gesellschaftliche und politische Dominanz des Kaisers
- antidemokratisches Denken: Ablehnung der Prinzipien des demokratischen Systems wie Parteienstreit und öffentliche Diskussion politischer Entscheidungen

Struktur der Antwort:

```
Aufzählung
•
•
•
•
```

- *Erläutern Sie anhand des Textes die Einschätzung der Parteien durch den Kaiser vor dem Hintergrund seiner Herrschaftsauffassung!*
Formulieren Sie als Erstes die im Text sichtbaren Positionen als einzelne **Behauptungen**, die möglichst viele Einzelaspekte der Aussagen Wilhelms II. zusammenfassen: *Parteienstreit*: scharfe Ablehnung von Diskussion und demokratischer Auseinandersetzung über politische Grundfragen; **Ablehnung**

von politischen Gegenpositionen als „ungezügelte Kritik"; angeblicher Verrat der nationalen Interessen durch die Parteien.

Beziehen Sie im zweiten Teil der Antwort die Behauptungen auf grundsätzliche Überzeugungen Wilhelms II., indem Sie die dazu passenden **Hintergründe** erläutern: **monarchisches, fast absolutistisches Staatsverständnis**, das die eigene Position ohne Selbstkritik verabsolutiert („Persönliches Regiment" des Kaisers); **antidemokratische Grundhaltung**, die Meinungsvielfalt und das Austragen von gesellschaftlichen und politischen Konflikten in den verfassungsmäßigen Einrichtungen ablehnt.

Struktur der Antwort:

Aufzählung		Hintergrundbezug
•	↔	•
•	↔	•
•	↔	•
•	↔	•
•	↔	•

Auf den Punkt gebracht

Arbeitsschritte zur Bearbeitung von Textquellen
- Verdeutlichen der Quellenposition
- Definition des Erwartungshorizontes
- grafische Strukturierung der Textquelle
- Gliedern der Antwort

Aufgabe 5 *Vollziehen Sie die einzelnen Arbeitsschritte einer Textbearbeitung an der Aufgabenstellung zu der Stellungnahme Hitlers zur Weimarer Verfassung nach!*

1.4 Ausformulieren der schriftlichen Antwort

Alle schriftlichen Antworten sollten durchdacht konzipiert werden; man verhindert dadurch
- Themaverfehlungen,
- unnütz ausufernde Antworten oder
- bloße Textparaphrasen

und konzentriert sich automatisch auf die in den Fragestellungen verlangten wichtigen Aspekte der Textquelle.

Themafrage und Behauptungen

Organisieren Sie, um die skizzierten Fehler zu vermeiden, Ihre Antwort nach einer vorher entwickelten **Gliederung** (wie sie am vorhergehenden Beispiel zu erkennen ist).

Die einzelnen Teile der Antwort sollten Sie durch **eindeutige Behauptungen** einleiten, die direkt auf die **Themafrage** antworten. Die Themafrage ergibt sich durch die sprachliche Umwandlung der Aufgabe zur Frage.

Die in den Gliederungsbeispielen aufgezählten Aspekte sind argumentationstechnisch solche „Behauptungen" oder „Thesen", die auf die in der Fragestellung aufgeworfene Themafrage antworten.

Am Beispiel der „Rede Kaiser Wilhelms II. am 18. Oktober 1899" (Seite 31 f.) betrachtet, würden Themafrage und Behauptung folgendermaßen lauten:
Themafrage: „Was sind die außenpolitischen Denkweisen in dieser Quelle?"
Behauptung: „Eine im Text sichtbare außenpolitische Denkweise ist die Bedeutung, die der Flotte für die Außenpolitik zugemessen wird!"

Begründung

Die Behauptungen werden durch die **zusammenfassende, knappe Erläuterung des Textgehalts** begründet. Diese Erläuterungen können durch **indirekte** oder **direkte Textbelege** ergänzt werden.

Denken Sie aber daran, dass Sie durch die Zusammenfassung mit eigenen Worten
- Zeit sparen können,
- die oft schwierige oder komplizierte Sprache des Originals umgehen und lesbarer machen und
- eher den Überblick über Ihre Darstellung behalten.

Für unser Ausgangsbeispiel lautet die *Begründung* dann folgendermaßen:
„Wilhelm II. bezeichnet die Flotte als notwendiges Instrument der deutschen Außen- und Machtpolitik (Z. 9 f., 20 ff.). Außerdem sei er gerade im Aufbau der Flotte durch die Parteien aufgehalten worden; dadurch habe Deutschland Nachteile im Handel und in seinen überseeischen Interessen erlitten (Z. 54–64)."

Unterschiedliche Möglichkeiten des Textbelegs
Die Textbezug sollte bei komplexeren Antworten – wie bei dem gerade aufgeführten Beispiel – durch die **Zusammenfassung der Textpositionen mit eigenen Worten** erfolgen. Als Beleg reicht dabei die Zeilenangabe der Stellen aus, die sinngemäß aufgegriffen werden.

Ein **indirektes Zitat** ist die Einbindung einer konkreten Textstelle in eine Begründung mit eigenen Worten wie zum Beispiel: „Wilhelm II. hält die Flotte für ein notwendiges Instrument der deutschen Außen- und Machtpolitik. Er bezeichnet den Aufbau der Flotte als dringende, unbedingt nötige Angelegenheit (Z. 9 f.)."

Das **direkte Zitat** baut einzelne Textstellen in den Begründungszusammenhang ein. Es stellt den Textbezug am eindeutigsten her, unterbricht aber den eigenen Gedanken- und Schreibfluss.
Beachten Sie deswegen die folgenden Hinweise:
- Benutzen Sie direkte Zitate nur spärlich!
- Beschränken Sie sich auf wesentliche Textstellen!
- Vermeiden Sie zu lange Zitate!

Orientiert an unserem Beispiel würde das direkte Zitat lauten: „Wilhelm II. bezeichnet die Flotte als notwendiges Instrument der deutschen Außen- und Machtpolitik: ‚Wir bedürfen seiner dringend und bitter not ist uns eine starke Flotte' (Z. 9 f.)."

An dem folgenden Beispiel können Sie den Aufbau der schriftlichen Antwort mit Behauptung, Begründung und Beleg nachvollziehen. Achten Sie besonders auf die unterschiedlichen Formen des Textbelegs! *Behauptungen* sind immer kursiv gedruckt.

Beispiel

Stellungnahme Hitlers zur Verfassung der Weimarer Republik (vgl. S. 34 f.)

Erarbeiten Sie aus dem Text die grundsätzliche Auffassung Hitlers über die Demokratie!

Bearbeitungsvorschlag

Hitler meint als Erstes, *der in den demokratischen Institutionen formulierte „Volkswillen" entspreche nicht dem „inneren wirklichen Willen des Volkes"* (Z. 10 f.), sondern nur einer „öffentlichen Meinung" (Z. 17), die vor allem durch die kapitalkräftigen Medien beeinflusst werde. Der Einwand betreffe alle wichtigen Institutionen der Demokratie, vor allem Reichstag und Reichspräsident (Z. 13–16).   1. Argument

Aufgrund des Einflusses der Medien werde der politische Wille der Mehrheit des Volkes manipuliert, die „Masse" sei folglich durch „mangelhafte politische Einsicht" und „beschränktes politisches und ökonomisches Verständnis" (Z. 20–23) geprägt; Mehrheitsentscheidungen legitimierten deshalb politische Herrschaft nicht. Hitler meint zuletzt, *das demokratische System könne keine starken Führer hervorbringen,* da sich ein solcher nicht an eine Verfassung binden lasse, die ja der Grund für den schlechten Zustand des Staates sei. Eine „Diktatur" innerhalb einer Verfassung sei deshalb nur etwas für „Schwächlinge" (Z. 70).   2. Argument

Hinter dieser Argumentation steht *Hitlers Ideal des Führerstaates:* Im „Führerstaat" herrsche der Willen des einzelnen genialen Mannes, der im Gegensatz zum demokratischen System den „inneren Willen des Volkes" ausdrücke. Der Führer dürfe sich, weil er eben den wahren Willen des Volkes vollstrecke, nicht durch Beschränkungen irgendeiner Art aufhalten lassen. Sein Prinzip ist die Überwindung von Widerständen und die Vernichtung der Gegner.   3. Argument

Die Position Hitlers steht im Blick auf alle einzelnen Positionen letztlich zum demokratischen Verfassungsstaat der Weimarer Republik in direktem Gegensatz.

Auf den Punkt gebracht

Regeln zum Formulieren der schriftlichen Antwort:
- Entwickeln Sie eine **Gliederung**!
- Leiten Sie die einzelnen Teile einer Antwort mit **Behauptungen** ein, die direkt auf die Fragestellung antworten!
- **Begründen** Sie diese Behauptungen durch zusammenfassende Bezüge zum Text!
- Stützen Sie Ihre Begründungen durch besonders wichtige **Textbelege**!

2 Unterschiedliche Arten von Textquellen

Textquellen sind so vielfältig, wie es die historische Wirklichkeit ist, der sie entstammen. Die Zahl und die Vielfalt der überlieferten Quellen hat dabei in der Geschichte immer mehr zugenommen. Bis zur Neuzeit war der Schriftgebrauch aufgrund der dazu notwendigen Handarbeit und der vergleichsweise teueren Materialien ein Luxusgut. Das ist der Grund für die relativ geringe Überlieferung von Textquellen aus Antike und Mittelalter. Die Situation änderte sich mit der Erfindung des Buchdrucks grundlegend. In der Moderne ist nun nicht mehr die Zahl der Quellen das Problem, sondern die Auswahl des Erhaltenswerten aus einer unendlichen Vielzahl von Texten jeder Art.

Die Geschichtslehrerinnen und -lehrer und die Prüfungskommissionen gehen zunehmend dazu über, der Vielfalt an Textquellen auch in schriftlichen Aufgaben Rechnung zu tragen: Die Prüfungsaufgaben repräsentieren also nicht mehr nur die traditionell bedeutsame politische Geschichte, sondern enthalten auch persönliche Zeugnisse von Politikern und „kleinen Leuten" oder Texte der Alltagsgeschichte. Es ist für Sie also nützlich, Gruppen von Textquellen zu unterscheiden, die jeweils andere Schwerpunkte bei der Analyse erwarten!

Die folgende Einteilung von Quellenformen ist als Orientierungsversuch zu verstehen, den man auch anders sehen könnte. Dennoch ist eine Vororientierung nützlich, auch wenn viele Texte den Klassifizierungsversuch durchbrechen oder mehreren Gruppen von Textquellen gleichzeitig zuzurechnen sind.

Dieses Buch unterscheidet folgende **Arten von Textquellen**:
- offizielle Textdokumente
- ideologische Texte
- narrative Textquellen
- literarische Textquellen

Wichtig ist in jedem Fall, dass Sie sich bei der Bearbeitung einer Textquelle trotz aller Besonderheiten einer Quellenart immer zuerst an dem in der Aufgabenstellung gegebenen Fragehorizont orientieren. Die jeder Quellengruppe zugehörigen Übungsphasen sind nach der folgenden Logik aufgebaut:
- systematische Erarbeitung der Analyse anhand einer leichteren **Übungsaufgabe** mit **eindeutigen und klar getrennten Einzelfragen**
- in der zweiten Phase **Aufgabenstellung auf Abiturniveau,** bei denen der **Charakter der Fragestellung** am Anfang des Bearbeitungsvorschlags im Lösungsteil erläutert wird.

2.1 Offizielle Text-Dokumente

Zu den Textquellen „offizieller Herkunft" gehören all die Dokumente, die dem unmittelbaren staatlichen Handeln entspringen: Das sind etwa **Verfassungen, Gesetze, Verwaltungserlasse**, aber auch **Verträge** mit anderen Staaten. Diese Texte beschreiben in ihrer Funktion als historische Überlieferungen die **inneren Strukturen** und die **außenpolitischen Zusammenhänge** eines Staates und sind deshalb wichtige Zeugnisse der historischen Situation; entsprechend beliebt ist der Einsatz solcher Quellen im Unterricht und in Prüfungssituationen.

Textquellen dieser Art weisen im Normalfall einen **objektiven Charakter** mit einer juristischen oder bürokratischen Sprache auf. Verständnisschwierigkeiten können sich durch die Sprache ergeben; eine Erleichterung stellt dagegen in den meisten Fällen die genaue Abgrenzung der Textinhalte durch Paragrafen, Abschnitte oder andere Unterteilungen dar.

Dass aber auch die „Objektivität" solcher Quellen in vielen Fällen mit mehr oder weniger ideologischen Hintergründen durchsetzt ist, macht das folgende Beispiel klar. Rechnen Sie also auch bei dieser Art von Textquellen mit Unschärfen und Inhalten, die sich „zwischen den Zeilen" finden.

Um Textquellen „offizieller" Art richtig auswerten zu können, sollten Sie auf jeden Fall die wesentlichen Begriffe der Verfassungsgeschichte und der Außenpolitik kennen. Diese sind Inhalt der Lehrpläne aller Bundesländer und müssten Ihnen in der Oberstufe bereits vertraut sein; andernfalls wäre eine systematische Wiederholung von Begriffen wie „Gewaltenteilung", „Volkssouveränität", „Parlament" usw. eine empfehlenswerte Prüfungsvorbereitung. Einen Überblick über die wichtigen Begriffe geben etwa die Grundwissenskataloge der Lehrpläne.

Auf den Punkt gebracht

Offizielle Text-Dokumente:
- Formen: Verfassungen, Gesetze, Verwaltungserlasse, Verträge
- Stil: objektive, bürokratische Sprache; Ideologie „zwischen den Zeilen"
- Analyse-Ziel: innenpolitische und gesellschaftliche Strukturen; außenpolitische Zusammenhänge

Aufgabe 6 Gesetz „zum Schutz des deutschen Blutes und der deutschen Ehre"

Durchdrungen von der Erkenntnis, dass die Reinheit des deutschen Blutes die Voraussetzung für den Fortbestand des deutschen Volkes ist, und beseelt von dem unbeugsamen Willen, die deutsche Nation für alle Zukunft zu sichern, hat der Reichstag einstimmig das folgende Gesetz beschlossen, das hiermit verkündet wird.

§ 1

1. Eheschließungen zwischen Juden und Staatsangehörigen deutschen oder artverwandten Blutes sind verboten. Trotzdem geschlossene Ehen sind nichtig, auch wenn sie zur Umgehung dieses Gesetzes im Ausland geschlossen sind.
2. Die Nichtigkeitsklage kann nur der Staatsanwalt erheben.

§ 2

Außerehelicher Verkehr zwischen Juden und Staatsangehörigen deutschen oder artverwandten Blutes ist verboten.

§ 3

Juden dürfen weibliche Staatsangehörige deutschen oder artverwandten Blutes unter 45 Jahren nicht in ihrem Haushalt beschäftigen.

§ 4

1. Juden ist das Hissen der Reichs- und Nationalflagge und das Zeigen der Reichsfarben verboten.
2. Dagegen ist ihnen das Zeigen der jüdischen Farben gestattet. Die Ausübung dieser Befugnis steht unter staatlichem Schutz.

§ 5

1. Wer dem Verbot des § 1 zuwiderhandelt, wird mit Zuchthaus bestraft.
2. Der Mann, der dem Verbot des § 2 zuwiderhandelt, wird mit Gefängnis oder mit Zuchthaus bestraft.
3. Wer den Bestimmungen der §§ 3 oder 4 zuwiderhandelt, wird mit Gefängnis bis zu einem Jahr und mit Geldstrafe oder mit einer dieser Strafen bestraft.

§ 6

Der Reichsminister des Innern erlässt im Einvernehmen mit dem Stellvertreter des Führers und dem Reichsminister der Justiz die zur Durchführung und Ergänzung des Gesetzes erforderlichen Rechts- und Verwaltungsvorschriften.

§ 7

Das Gesetz tritt am Tage nach der Verkündung, § 3 jedoch erst am 1. Januar 1936 in Kraft.

Nürnberg, den 15. September 1939

Aus: Reichsgesetzblatt 1935 I, S. 1146

1. *Klären Sie zuerst das Thema, die historische Situation und die Herkunft der Quelle!*
2. *Analysieren Sie die Fragen 4 und 5 mithilfe der oben entwickelten Systematik!*
3. *Strukturieren Sie die Textquelle nach den Erwartungen der Fragestellung grafisch!*
4. *Welche ideologischen Positionen des Nationalsozialismus werden in der Quelle sichtbar? Nennen Sie die dazu passenden Bestimmungen des Gesetzes!*
5. *Erläutern Sie, welche Etappe in der Verfolgung der Bürger jüdischer Abstammung dieses Gesetz zeigt!*

Aufgabe 7 Erklärung der alliierten Siegermächte

5. Juni 1945

Die deutschen Streitkräfte zu Lande, zu Wasser und in der Luft sind vollständig geschlagen und haben bedingungslos kapituliert, und Deutschland, das für den Krieg verantwortlich ist, ist nicht mehr fähig, sich dem Willen der siegreichen Mächte zu widersetzen. Dadurch ist die bedingungslose Kapitulation Deutschlands erfolgt, und Deutschland unterwirft sich allen Forderungen, die ihm jetzt oder später auferlegt werden.

Es gibt in Deutschland keine zentrale Regierung oder Behörde, die fähig wäre, die Verantwortung für die Aufrechterhaltung der Ordnung, für die Verwaltung des Landes und für die Ausführung der Forderungen der siegreichen Mächte zu übernehmen.

Unter diesen Umständen ist es notwendig, unbeschadet späterer Beschlüsse, die hinsichtlich Deutschlands getroffen werden mögen, Vorkehrungen für die Einstellung weiterer Feindseligkeiten seitens der deutschen Streitkräfte, für die Aufrechterhaltung der Ordnung in Deutschland und für die Verwaltung des Landes zu treffen und die sofortigen Forderungen zu verkünden, denen Deutschland nachzukommen verpflichtet ist.

Die Vertreter der obersten Kommandobehörden des Vereinigten Königreichs, der Vereinigten Staaten von Amerika, der Union der Sozialistischen Sowjet-Republiken und der Französischen Republik, im folgenden „Alliierte Vertreter" genannt, die mit der Vollmacht ihrer betreffenden Regierungen und im Interesse der Vereinten Nationen handeln, geben dementsprechend die folgende Erklärung ab:

Die Regierungen des Vereinigten Königreichs, der Vereinigten Staaten von Amerika, der Union der Sozialistischen Sowjet-Republiken und die Provisorische Regierung der Französischen Republik übernehmen hiermit die oberste Regierungsgewalt in Deutschland, einschließlich aller Befugnisse der deutschen Regierung, des Oberkommandos der Wehrmacht und der Regierungen, Verwaltungen oder Behörden der Länder, Städte und Gemeinden. Die Übernahme zu den vorstehend genannten Zwecken der besagten Regierungsgewalt und Befugnisse bewirkt nicht die Annektierung Deutschlands.

Die Regierungen des Vereinigten Königreichs, der Vereinigten Staaten von Amerika, der Union der Sozialistischen Sowjet-Republiken und die Provisorische Regierung der Französischen Republik werden später die Grenzen Deutschlands oder irgendeines Teiles Deutschlands und die rechtliche Stellung Deutschlands oder irgendeines Gebietes, das gegenwärtig einen Teil deutschen Gebietes bildet, festlegen.

Aus: Dokumente zu Deutschland (Bayerische Landeszentrale für politische Bildungsarbeit), München 2000, S. 76

1. *Arbeiten Sie aus dem Text heraus, welche zentralen Bestimmungen die alliierten Siegermächte zu Deutschland treffen und wie Sie diese begründen!*

2. *Beurteilen Sie im Bezug auf wesentliche Entwicklungen der deutschen Geschichte nach 1945: Welche Bedeutung hat diese Erklärung in der Geschichte der deutschen Staatlichkeit?*

2.2 Ideologische Textquellen

Textquellen, die eine deutliche politische oder andere ideologische Position vertreten, sind häufig verwendete Prüfungstexte. Dazu gehören **politische Reden und Stellungnahmen**, aber auch **Parteiprogramme** und Ähnliches. Diese Texte ermöglichen Aussagen über die politischen und gesellschaftlichen Gruppen, Interessen und Ziele in einer bestimmten historischen Situation. Die oben aufgeführten Quellen, die Rede Wilhelms II. und die Stellungnahme Hitlers zur Position des Reichspräsidenten, sind typische Beispiele solcher „ideologischer" Texte.

Der Schwerpunkt einer Texterarbeitung wird bei diesen Quellen immer darin liegen, die Textposition nachzuvollziehen und sie dann einzuordnen oder zu bewerten. Wichtig ist es deswegen hier vor allem, den Quellenstandpunkt schnell zu erkennen, entweder aus der Kenntnis des Textproduzenten oder aus dem inhaltlichen Zusammenhang heraus.

Auf den Punkt gebracht

Ideologische Texte:
- Formen: politische Reden, Parteiprogramme und Ähnliches
- Stil: eindeutige Meinungsäußerung
- Analyse-Ziel: Quellenstandpunkt, politische Positionen und Ideologien

Aufgabe 8 Plakat zum Versailler Vertrag (1922)

Los von Versailles!
Nieder mit der Schuldlüge

Der 28. Juni

der Tag der Trauer und der Schande, an dem das deutsche Volk durch das schmachvolle Diktat von Versailles nach dem Willen der rachsüchtigen Feinde für alle Zukunft zu einem unerhörten Sklavendasein verurteilt werden sollte, jährt sich zum dritten Male.

Die gemeinste Fälschung der Weltgeschichte
die schamlose Lüge von der Schuld des deutschen Volkes am Weltkriege

muß dazu herhalten, um den verbrecherischen „Friedensvertrag", der in der ganzen Geschichte beispiellos dasteht, vor der Welt moralisch zu rechtfertigen.

Deutsche Männer und Frauen!

Versailles ist schuld! an Eurem ganzen Elend! Wenn Ihr hungert und friert! Wenn Ihr kein Obdach habt! Wenn Ihr als Lohnsklaven der Welt unter Eurer Arbeitslast zusammenbrecht! Wenn Euer guter deutscher Name heute in der Welt geächtet ist! Wenn Euer deutsches Vaterland zum hilflosen Spottgebilde seiner selbst geworden ist. **Versailles ist schuld!**

Die Wahnsinnstat von Versailles muß beseitigt werden

ehe an den erfolgreichen Wiederaufbau des Vaterlandes gedacht werden kann.

Deutsche Männer und Frauen Münchens!

Erhebt Protest gegen das gewaltige Unrecht, das man Euch angetan, gegen die traurige Los, das man Euch zugedacht hat, gegen die verbrecherische Schuldlüge und **zwingt die deutsche Regierung** zur tatkräftigen Führung des Beweises für die Unschuld Deutschlands am Kriege.

Erscheint daher in Massen zur Protestkundgebung
am Mittwoch, 28. Juni abends auf dem Königsplatz.

Wir fordern die gesamte Einwohnerschaft Münchens ohne Unterschied der Zugehörigkeit zu bestimmten Parteien oder Vereinigungen irgendwelcher Art auf, an der Versammlung teilzunehmen und den Feinden des deutschen Volkes zu zeigen, daß dieser Protest keine einseitige Parteiangelegenheit, sondern ein einmütiger Willensakt der gesamten deutschgesinnten Bevölkerung ist. Der Schwur Gesamt-Münchens von der Unschuld Deutschlands am Kriege muß in der Welt gehört und beachtet werden.

Beginn der Kundgebung 7 1/2 Uhr abends. Die Teilnehmer sammeln sich in der Stadt nach Bezirken geordnet und marschieren in geschlossenen Zügen nach dem Königsplatz. Für Kriegsbeschädigte und ältere Personen sind besondere Karten ausgegeben. Näheres siehe Tagespresse vom 27. Juni.

Deutsche Arbeitsgemeinschaft für Wahrheit, Recht und Ehre / Bayerischer Bürgerblock / Bayerischer Heimat- und Königsbund „In Treue fest" / Hochschulring deutscher Art / Bürgerrat München / Bayerischer Kriegerbund / Bayerischer Ordnungsblock / Interessengemeinschaft ehemaliger Heeres- und Marine-Angehöriger / Nationaler Einheitsfront / Bund Bayern und Reich / Deutschnationaler Handlungsgehilfenverband / Deutscher Offizierbund / Reichsbund der Kriegsteilnehmerverbände deutscher Hochschulen / Nationalverband deutscher Offiziere / Verband der Offiziersregimentsvereine / Stadtbund Münchener Frauenvereine / Vaterländische Vereinigungen Münchens / Verband nationalgesinnter Soldaten / Frontkriegerbund / Zentralverband deutscher Kriegsbeschädigter, Kriegsteilnehmer und Hinterbliebener

Für den Arbeitsausschuß:
v. Lenz

Aus: Friedrich Arnold (Hrsg.): Anschläge. 220 politische Plakate als Dokumente der deutschen Geschichte 1900–1980. Ebenhausen bei München: Langewiesche 1985, S. 65

1. Klären Sie zuerst das Thema, die historische Situation und die Herkunft der Quelle!
2. Analysieren Sie die Fragen 3, 4 und 5 mithilfe der oben entwickelten Systematik!
3. Erarbeiten Sie aus dem Text: Welche politischen Positionen zum Versailler Vertrag lassen sich erkennen?
4. Ordnen Sie die Herausgeber des Plakates in das politische Spektrum der Weimarer Republik ein!
5. „Versailles ist schuld an Eurem ganzen Elend!": Setzen Sie sich kritisch mit dieser Behauptung auseinander!

Aufgabe 9   SED-Beschluss zur Wiedervereinigung Deutschlands (1955)

Gegenwärtig bestehen in Deutschland zwei Staaten. Der westdeutsche Staat ist ein kapitalistischer Staat, in dem das Monopolkapital, die Junker und andere Revanchepolitiker herrschen. Dieser Staat ist in den Nordatlantik-Kriegspakt eingegliedert. In der Deutschen Demokratischen Republik hingegen wurden der deutsche Imperialismus und Militarismus mit der Wurzel ausgerottet, und die Bevölkerung baut den Sozialismus auf. Die außenpolitischen Beziehungen zur Sowjetunion und anderen Staaten basieren auf dem Grundsatz der Souveränität, der Gleichberechtigung und der Nichteinmischung in die inneren Angelegenheiten. Die demokratischen Kräfte, die bis heute in der Deutschen Demokratischen Republik die Macht ausüben, an ihrer Spitze die Arbeiterklasse, haben ihre Legitimation unmittelbar vom Volke, dessen Teil und Sachverwalter sie sind. Seitdem diese Kräfte im Osten Deutschlands die Macht übernahmen, haben sie für die Erhaltung der Einheit Deutschlands und nach der Spaltung für die Wiedervereinigung Deutschlands gekämpft. [...]

Aufgabe der vier Mächte ist es, die Voraussetzungen für die Wiedervereinigung Deutschlands zu schaffen, indem ein System der kollektiven Sicherheit in Europa unter Teilnahme beider deutschen Staaten geschaffen wird. Die kollektive Sicherheit bedeutet die Liquidierung der bestehenden militärischen Gruppierungen. Die Wiedervereinigung Deutschlands selbst – nach Schaffung der äußeren Voraussetzungen durch das System der kollektiven Sicherheit – ist eine innere Angelegenheit des deutschen Volkes. Seine Sache ist es, die Macht der Kriegsinteressen in Westdeutschland zu überwinden und dafür zu sorgen, dass der Kalte Krieg eingestellt wird.

Auf dieser Grundlage wird die Regierung der Deutschen Demokratischen Republik die Verständigung mit der westdeutschen Bundesregierung suchen. Sie betreibt eine Politik, die der Annäherung und Zusammenarbeit der beiden deutschen Staaten dient. Die Deutsche Demokratische Republik ist bei Vorhandensein der genannten Voraussetzungen für freie Wahlen, denn dann würden demokratische Wahlen nicht zur Schaffung eines imperialistischen Deutschlands, das aggressive Pläne verfolgt, führen, sondern zu einem friedliebenden demokratischen Deutschland. [...]

Die Deutsche Demokratische Republik ist der rechtmäßige deutsche Staat, von dessen Erfolgen die Sicherung des Friedens und ein glückliches Leben des deutschen Volkes abhängen. Das große Aufbauwerk in der Deutschen Demokratischen Republik zeigt, welch große Fähigkeiten und Kräfte das Volk zu entfalten vermag, wenn es selbst die Staatsmacht ausübt, die Großbetriebe in seinem Besitze sind und der Boden denen gehört, die ihn bebauen. [...]

Zitiert nach: Deutsches Institut für Zeitgeschichte (Hrsg.): 20 Jahre DDR, 20 Jahre deutsche Politik. Dokumente zur Politik der DDR im Kampf um Frieden und Sicherheit in Europa. Berlin 1969, S. 205 ff.

1. *Ermitteln Sie aus dem Text das Selbstbild der durch die SED bestimmten DDR-Führung!*

2. *Arbeiten Sie aus dem Text die Bedingungen heraus, unter denen sich die SED-Führung eine Wiedervereinigung vorstellen konnte!*

3. *Beurteilen Sie die Ernsthaftigkeit des SED-Vorschlags im Bezug auf die historische Situation der deutschen Frage zwischen 1949–1955!*

2.3 Narrative Textquellen

Erzählende Textquellen sind z. B. berichtende oder schildernde **Zeitungsberichte, Autobiografien, Briefe, Tagebücher** und andere **persönliche Zeugnisse**. Sie berichten über den Ablauf einer Situation oder eines Geschehens aus der Sicht eines Zeitzeugen. Ihre Stärke sind die **Konkretheit** und oft die Buntheit der Schilderung, durch die abstrakte Zusammenhänge und Strukturen verdeutlicht werden. Problematisch sind diese Quellen aufgrund des **subjektiven Gehalts** der Erzählungen; immer wird die Perspektive bzw. der Standpunkt oder das Interesse des Berichtenden die Darstellung mehr oder weniger stark beeinflussen. Für den kritisch Analysierenden muss das aber kein Nachteil sein: Neben dem faktischen Gehalt interessieren ihn nämlich die hinter den Schilderungen stehenden **Bewusstseinslagen der Autoren**; durch deren Untersuchung kommt er dem Denken der Menschen einer bestimmten historischen Situation auf die Spur.

Die Erarbeitung einer narrativen Textquelle ist aufgrund der sehr konkreten Darstellung in den meisten Fällen unproblematisch. Schwierig kann allerdings die Entschlüsselung des Autorenstandpunktes sein, denn dazu ist Hintergrundwissen und in vielen Fällen die Fähigkeit nötig, „zwischen den Zeilen" zu lesen.

Auf den Punkt gebracht

Narrative Texte
- Formen: Zeitungsberichte, Autobiografien, Briefe, Tagebücher, persönliche Zeugnisse jeder Art
- Stil: subjektive Perspektive, detaillierte Schilderung von Geschehnissen
- Analyse-Ziel: Fakten einer Situation, Position des Autors

Aufgabe 10 Auszug aus Victor Klemperers Tagebuch (1939)

Der Professor für französische Sprache Victor Klemperer (1881–1960) hat als deutscher Jude die NS-Zeit in Deutschland er- und durch Glück und die Hilfe seiner nicht jüdischstämmigen Frau überlebt. Seine Tagebücher gehören zu den wichtigsten Quellen für die Situation der deutschen Juden in der NS-Zeit.

9. Dezember, Sonnabend
1 Gleich nach der ersten Zahnarztfahrt bekam Eva einen bösen Kiefernabszess. Die schlimmsten Schmerzen gingen bald vorüber, aber dann war und blieb sie sehr
5 mitgenommen, ist noch heute am Kauen sehr gehindert, und durch das Guaio[1] körperlich geschwächt. In dieses Elend hinein traf uns der lang erwartete und nun doch
10 abscheulich wirkende Schlag.

Ich war am Montag im jüdischen Gemeindehaus, Zeughausstraße 3, neben der

abgebrannten und abgetragenen Synagoge, um meine Steuer und Winterhilfe zu zah-
15 len. Großes Treiben: Von den Lebensmittelkarten wurden die Marken für Pfefferkuchen und Schokolade[2] abgeschnitten: „zugunsten derer, die Angehörige im Felde haben". Auch mussten die Kleiderkarten
20 abgegeben werden: Juden erhalten Kleidung nur auf Sonderantrag bei der Gemeinde. Das waren so die kleinen Unannehmlichkeiten, die nicht mehr zählen. Dann wollte mich der anwesende Partei-
25 beamte sprechen: „Wir hätten Sie sowieso dieser Tage benachrichtigt, bis zum 1. April müssen Sie Ihr Haus verlassen; Sie können es verkaufen, vermieten, leerstehen lassen: Ihre Sache, nur müssen Sie heraus; es
30 steht Ihnen ein Zimmer zu. Da Ihre Frau arisch ist, wird man Ihnen nach Möglichkeit zwei Zimmer zuweisen." Der Mann war gar nicht unhöflich, er sah auch durchaus ein, in welche Not wir gebracht wer-
35 den, ohne dass irgendeiner einen Vorteil davon hat – die sadistische Maschine geht eben über uns weg. Am Donnerstag war er dann mit dem zuständigen Gemeindebeamten Estreicher zur Besichtigung hier.
40 Wieder durchaus freundlich und zuredend: „Sie können sich hier doch nicht halten, vom 1.1. an müssen Sie alle Lebensmittel aus einer bestimmten Stelle in der Stadt[3] holen." Estreicher sagte mir, ich möge das
45 Nähere mit ihm besprechen. Eva ungleich gefasster als ich, obwohl sie ja ungleich härter betroffen wird. *Ihr Haus, ihr Garten, ihre Tätigkeit.* Sie wird wie gefangen sein. Auch verlieren wir den letzten Besitz,
50 denn das Haus zu vermieten würde uns Schikanen eintragen, und wenn wir es verkaufen, bleibt uns nach Abzug der Hypothek ein winziger Betrag, der auf Sicherungskonto kommt und von dort her nie
55 wieder in unsere Hände. Und was mit unsern Möbeln etc. anfangen? Auch muss das Katerchen vergiftet werden. Aber Eva bleibt aufrecht und macht schon Zukunftspläne. Ein Blockhaus in Lebbin! –
60 Gestern im Gemeindehaus (der jüdischen Gemeinde) Besprechung mit Estreicher, der mir sehr freundlich entgegenkam. Ich ging ermutigt fort, freilich hat der Auftrieb nicht lange angehalten. Estreicher sagte
65 im Wesentlichen: Keinen Finger krumm machen, abwarten. Er halte die Sache in Händen, schiebe sie so lange als möglich hinaus, fast sicher bis Mai, vielleicht bis Juni, zwei Zimmer könne er uns dann in
70 jedem Augenblick verschaffen – und *bis Mai ist noch so lange Zeit. Wir alle hoffen ...* Diese Stimmung auf dem Gemeindehaus ist es, die mir Mut macht. Alle dort Beschäftigten haben schon schwerer gelitten
75 als wir. Die meisten waren schon im Konzentrationslager, und alle tun mit ruhigster Zähigkeit ihre Pflicht, und alle sind zuversichtlich. Ich muss nächstens über die Leute genauere Notizen machen, ich bin nur zu
80 müde. Heute und in den letzten Tagen öfter war ich zweimal auf Einkauf, das Wirtschaften wird immer schwerer, füllt immer mehr meinen Tag. Poor Curriculum.

Aus: Victor Klemperer: *Das Tagebuch 1933–1945.* Berlin: Aufbau-Verlag 1997, S. 96 f.

1 (ital.) Unheil; in Klemperers Sprachgebrauch meist: kleines Missgeschick.
2 Erlass vom 2.12.1939 an die Landräte: „Der Herr Reichsminister für Ernährung und Landwirtschaft hat mit Fernschreiben vom 2. Dezember 1939 den Verkauf von Schokoladenerzeugnissen (Tafelschokolade, Pralinen und sonstige Kakaoerzeugnisse) und Lebkuchen aller Art an Juden mit sofortiger Wirkung untersagt. – Sie werden ersucht, die Gemeindebehörden anzuweisen, die Einzelhandelsgeschäfte hiervon umgehend zu verständigen. Von einer öffentlichen Bekanntmachung ist abzusehen."
3 Tatsächlich war am 13.9.1939 durch Rundverfügung die „Zuweisung von besonderen Lebensmittelgeschäften für Juden" vorgesehen. In der Verfügung hieß es u.a.: „Es hat sich herausgestellt, dass nach Einführung der Bezugsscheine für lebenswichtige Güter sich auch Juden in Käuferschlangen vor den Lebensmittelgeschäften eingereiht haben. Die Juden wirken allein durch ihre Anwesenheit provozierend. Keinem Deutschen kann zugemutet werden, sich zusammen mit einem Juden vor einem Geschäft aufzustellen."

1. Klären Sie zuerst das Thema, die historische Situation und die Herkunft der Quelle!
2. Analysieren Sie die Fragen 1 bis 3 mithilfe der oben entwickelten Systematik!
3. Erarbeiten Sie aus dem Text, mit welchen Maßnahmen die deutsche Regierung und die Verwaltungen gegen die deutschen Juden vorgingen!
4. Welche Haltungen des nicht-jüdischen Umfelds werden in der Quelle sichtbar?
5. Bestimmen Sie aus dem Text das Lebensgefühl Klemperers! Ordnen Sie das Geschehen in die Chronologie der Judenverfolgung ein!

Aufgabe 11 Der politische Antisemitismus im Wilhelminismus

Hellmut von Gerlach, zeitweise einer der bekanntesten Nachwuchspolitiker der Antisemiten, schildert den politischen Antisemitismus der Zeit um die Jahrhundertwende.

Mein Antisemitismus bekam gerade durch Liebermann von Sonnenberg den ersten starken Stoß. Nach irgendeinem Wahlsieg saßen wir zusammen. Ich war in einer Versammlung peinlich davon berührt gewesen, dass ich auf die Frage eines Diskussionsredners, was eigentlich das wissenschaftliche Programm der Antisemiten sei, mich nur mit faulen Redensarten über das Fehlen eines solchen Programms hatte herausreden können. Von meinen Gewissensschmerzen gab ich Liebermann Kunde. Er aber mit seiner Unbekümmertheit rief lachend: „Lieber Freund, darüber lassen Sie sich keine grauen Haare wachsen. Erst wollen wir eine politische Macht werden. Dann wollen wir uns die wissenschaftliche Grundlage für den Antisemitismus suchen."

Ich war erschüttert. Die Wissenschaft war mir immer als das Höchste erschienen. Mit heißem Bemühen hatte ich Karl Marx und Rodbertus und Adam Smith und Schopenhauer und Darwin und Dühring studiert, war von Zweifelsqualen geplagt. Nun aber sagte mir unser Führer: Erst Macht, dann Wissenschaft! Meine Augen begannen sich zu öffnen. Bald sah ich ringsum im antisemitischen Lager die grauenhafte wissenschaftliche Öde. Man eroberte einen Wahlkreis nach dem andern und wusste doch eigentlich nicht, wofür. Bei den Reichstagswahlen von 1893 hatten die Antisemiten 16 Sitze davongetragen. Aber als sie nun in Fraktionsstärke im Reichstag saßen und ich von ihnen Taten erwartete, da erlebte ich nur persönliche Zänkereien und Eifersüchteleien. Jeder von ihnen, Liebermann von Sonnenberg, Zimmermann, Dr. Böckel, Paul Förster, Ahlwardt, Köhler usw. war eigentlich eine Partei für sich. Der eine war Mittelständler, der andere Arbeiterfreund, der eine Aristokrat, der andere Demokrat. Der eine rief zum Kampf gegen Juden und Junker auf, der andere ging mit den Großagrariern durch Dick und Dünn. Bei jeder Abstimmung fiel die Fraktion auseinander. Kein einziger wesentlicher Antrag wurde eingebracht, vor allem keiner auf dem Gebiet, das die Grundlage der Agitation gebildet hatte: in der Judenfrage. Es stellte sich nämlich in der Fraktion heraus, dass man kein Antijudengesetz vorlegen konnte, weil man sich über den Begriff „Jude" zu einigen nicht imstande war. Alle stimmten darüber überein:

„Was er glaubt ist einerlei,
In der Rasse liegt die Schweinerei."

Auf die Konfession kam es also nicht an, nur auf die Rasse. Aber wie den Begriff Rasse gesetzgeberisch fassen? Dies Pentagramm hat schon den größten Geistern Pein gemacht. Und in der antisemitischen

Fraktion saßen nur ganz kleine Geister. Weil man sich nicht darüber einigen konnte, was ein Jude sei, schimpfte man zwar weiter auf die Juden, brachte aber kein Gesetz gegen sie ein.

Ebenso groß wie meine intellektuelle Enttäuschung an den Antisemiten war meine ethische. In den Volksversammlungen wetterten die Herren gegen die „jüdische Unmoral". Die Verführer der germanischen Jungfrauen, die Zerstörer der deutschen Familie, die Träger der orientalischen Lüsternheit wurden unter dem Jubel der Versammelten an den Pranger gestellt. War die Versammlung aus, so zog man zum deutschen Männertrunk in die antisemitische Weiberkneipe des Herrn Rieprich. Bald hatte jeder der deutschen Tugendwächter eine oder noch lieber zwei Kellnerinnen um sich oder auf sich, wozu dann, mit leichter Variante, das Westfalen-Lied angestimmt wurde:

„Glückselig, wessen Arm umspannt,
Zwei Mägdlein aus Westfalenland."

Als ich erst angefangen hatte, kritisch dem Antisemitismus gegenüber zu werden, entdeckte ich auf Schritt und Tritt faule Stellen in seinem Fleische. [...]

Ahlwardt war Jahre hindurch der gefeiertste Redner der Antisemiten. In Neustettin, im dunkelsten Hinterpommern, war er in den Reichstag gewählt worden, gegen einen Konservativen. Mit seinem Sekretär hatte er systematisch die Bauernhöfe besucht und jeden Bauern gefragt, wieviel Morgen Landes er habe und wieviel Vieh. Dann wandte er sich zu dem Sekretär, der ein Riesennotizbuch zückte, und diktierte ihm: „Notieren Sie! Gussow hat 30 Morgen, 5 Kühe, 4 Schweine, müsste haben: 60 Morgen, 12 Kühe, 10 Schweine." In ganz Deutschland berühmt geworden war er durch seine Bücher ‚Judenflinten' und ‚Eid eines Juden'. Die Grundlagen dieser Bücher schienen meinem Freud Dallwitz und mir sehr unsicher, deshalb ging Dallwitz, selbst feurigster Antisemit, zu ihm, um die Beweise einzusehen. Ahlwardt wies einen Haufen Akten vor, fand sich in ihnen aber nicht zurecht. Als Dallwitz dringender wurde, brach Ahlwardt die Unterhaltung mit den Worten ab: „Wenn ich etwas nicht beweisen kann, behaupte ich es eben."

Unter den antisemitischen Führern habe ich nur wenig wirklich anständige Leute kennen gelernt, und die, deren Charakter ohne Makel war, waren wissenschaftlich so ungebildet, dass mich jungen Menschen die Empörung packte, als ich Gelegenheit hatte, sie aus der Nähe zu beobachten. Demagogen waren sie alle, die einen wider besseres Wissen, die andern infolge mangelnden Wissens.

Aus: Das Deutsche Kaiserreich 1871–1914. Ein historisches Lesebuch (Hrsg. Gerhard A. Ritter). Göttingen: Vandenhoeck und Ruprecht ³1977, S. 130–132

1. *Erarbeiten Sie aus dem Text den Charakter der antisemitischen Bewegung in der Kaiserzeit!*

2. *Beschreiben und bewerten Sie die Position des Autors!*

2.4 Literarische Textquellen

Literarische Verarbeitungen einer historischen Situation sind keine Quellen für die Geschehnisse, die sie fiktiv beschreiben, obwohl sie in vielen Fällen das Zeitkolorit sehr gut verdeutlichen. Literarische Zeugnisse fungieren aber dann als Quellen, wenn man in ihnen nach dem historischen Bewusstsein des Autors und nach seiner Deutung einer Zeit fragt. Das bedeutet: Literarische Quellen sind **Zeugnisse für die Zeit, in der sie entstanden sind**, eventuell nicht aber für die Zeit, die sie beschreiben.

Ein DDR-Jugendbuch zur deutschen Kolonialzeit in Südwestafrika zum Beispiel ist keine Quelle für den Zeitraum von 1884–1918, den es beschreibt, wohl aber für die sozialistische Ideologie und den Standpunkt des DDR-Establishments, der im Buch sichtbar ist.

Bei der Analyse literarischer Quellen wird man also verstärkt nach dem **Standpunkt des Autors** fragen. Dazu kommt die bedeutende Rolle, die die **künstlerischen Mittel** in solchen Texten spielen; auch sie können Ziel einer Fragestellung sein. In der Prüfungsrealität werden literarische Quellen allerdings bisher wenig eingesetzt, und wenn, dann sollten Sie am ehesten mit politischer Lyrik rechnen, da dort die Autorposition deutlich zu erkennen ist. Auch literarische Textquellen bieten Anknüpfungspunkte für weitere Aufgaben zur gleichen Thematik.

Auf den Punkt gebracht

Literarische Textquellen:
- Formen: literarische Verarbeitungen und Stellungnahmen zu einer historischen Situation
- Stil: Fiktion, literarische Sprache, poetische Stilmittel
- Analyse-Ziel: Position des Autors, Darstellungsmittel

Aufgabe 12 Hans-Magnus Enzensberger, „Bildzeitung" (1957)

1 Du wirst reich sein
  Markenstecher Uhrenkleber:
  wenn der Mittelstürmer will
  wird um eine Mark geköpft
5 ein ganzes Heer beschmutzter Prinzen
  Turandots Mitgift unfehlbarer Tip
  Tischlein deck dich:
  du wirst reich sein.

Manitypistin Stenoküre
10 du wirst schön sein:
wenn der Produzent will
wird die Druckerschwärze salben
zwischen Schenkeln grober Raster
missgewählter Wechselbalg
15 Eselin streck dich:
du wirst schön sein.

Sozialvieh Stimmenpartner
du wirst stark sein:
wenn der Präsident will
20 Boxhandschuh am Innenlenker
Blitzlicht auf das Henkerlächeln
gib doch Zunder gib doch Gas
Knüppel aus dem Sack:
du wirst stark sein.

25 Auch du auch du auch du
wirst langsam eingehn
an Lohnstreifen und Lügen
reich, stark erniedrigt
durch Musterungen und Malz-
30 kaffee, schön besudelt mit Straf-
zetteln, Schweiß,
atomarem Dreck:
deine Lungen ein gelbes Riff
aus Nikotin und Verleumdung
35 möge die Erde dir leicht sein
wie das Leichentuch
aus Rotation und Betrug
das du dir täglich kaufst
in das du dich täglich wickelst.

Aus: Hans-Magnus Enzensberger: Gedichte 1950–1985.
Frankfurt: Suhrkamp 1986, S. 10 f.

1. *Klären Sie zuerst das Thema, die historische Situation und die Herkunft der Quelle!*
2. *Skizzieren Sie die historischen Details, auf die sich der Autor bezieht!*
3. *Erläutern Sie die Position und die wesentlichen sprachlichen Mittel des Autors!*
4. *Ordnen Sie das Gedicht in die gesellschaftspolitische Entwicklung der Bundesrepublik in den 50er- und 60er-Jahren ein!*

Aufgabe 13 „Deutsche Kolonialweisheit" (1904)

Das Gedicht aus der Zeitschrift „Süddeutscher Postillon" nimmt Stellung zum Herero-Aufstand von 1904 in der damaligen deutschen Kolonie „Deutsch-Südwestafrika".

1 Halt's Maul, O Volk, und frage nicht,
Weshalb im fernen Niggerland,
Weshalb im fernen Schutzgebiet
Des Aufruhrs Flamme wild entbrannt.

5 Bezähme deines Wissens Trieb
Und forsche nicht nach einer Schuld,
Die Neugier ist nicht zeitgemäß,
So fass dich lieber in Geduld.

Erst muss es jäh zerschmettert sein,
10 Das schwarze, scheußliche Gezücht,
Und dann, wenn es am Boden liegt,
Erfährst du es noch lange nicht.

D'rum meide alle Fragerei,
Tu lieber Geld in deinen Sack,
15 Denn ohne Geld gibt's keinen Sieg
Selbst über lump'ges Negerpack.

Gib deine Millionen her!
Was kümmert dich die Negerbrut?
Sie haben frevelnd sich empört,
20 Und die Empörung fordert Blut.

Ja, Blut muss fließen knüppeldick,
Das war zu allen Zeiten so,
D'rum wird auch keine Extrawurst
Gebraten für die Herero.

25 Dass ihre Frauen man verführt,
Dass man sie um ihr Hab geprellt –
Du lieber Gott, in Kolonien,
Da ist das so der Lauf der Welt!

Der Weiße ist nun mal der Herr,
30 Der Schwarze ist des Weißen Knecht,
D'rum muss er ducken, wie ein Hund,
Und tut er's nicht, so geht's ihm schlecht.

Da gibt es keinen Widerstand,
Und keinen Aufruhr – gottverdammt!
35 Der deutsche Siedler ist als Herr
Dem schwarzen Nigger angestammt.

D'rum Geld und Geld und nochmals Geld,
Zu bänd'gen die Rebellenbrut,
Dass sie erstickt im Pulverdampf,
40 Dass sie ersäuft in ihrem Blut!

Und raubt den Horden all ihr Vieh,
Und raubt den Horden all ihr Land,
Und steckt die Kerls in Sklaverei,
Zur Strafe, dass sie sich ermannt!

45 Der *Schrecken* muss im Lande ziehn,
Der Schrecken à la Arenberg,
Dass sie in uns nur Götter sehn,
Dass sie sich fühlen ganz als Zwerg.

Zum Teufel die Humanität!
50 Gepriesen sei die Panzerfaust,
Die jäh zerschmetternd auf das Haupt
Der „schwarzen Bestien" niedersaust.

Und schlagt auch all die Frager tot,
Die schnöd des Frevels sich erfrecht,
55 Zu forschen nach der Weißen Schuld,
Zu fragen nach der Schwarzen Recht.

Gewalt ist Trumpf, so hier wie dort,
D'rum zahle, Volk, und frage nicht –
Die *Wahrheit,* Michel, die erfährst
60 Du doch all dein Lebtag nicht!

Aus: Frühe sozialistische satirische Lyrik aus den Zeitschriften
„Der wahre Jakob" und „Süddeutscher Postillon"
(hg. v. Norbert Rothe), Berlin: Akademie-Verlag 1977

1. Erarbeiten Sie aus dem Text die aufgezeigten Denkweisen und Haltungen des deutschen Kolonialismus und beurteilen Sie im Blick auf die Wirklichkeit der Zeit den Realitätsgehalt der Situationsbeschreibung!

2. Erläutern Sie die Textposition und ordnen sie den Text einer politischen Richtung in der Zeit des Wilhelminismus zu!

3 Wissenschaftliche Texte

Wissenschaftliche Texte zu einer historischen Thematik sind **keine Quellen**, sondern **Deutungen**, die sich auf die Quellenlage beziehen, um ihre Interpretation zu sichern. Im Geschichtsunterricht begegnen Ihnen wissenschaftliche Texte in Form der Darstellungen Ihres Geschichtsbuchs, bei der Einbindung von deutender „Sekundärliteratur" (im Gegensatz zu den „primären" Textquellen) in den Unterricht oder beim Vergleich unterschiedlicher Deutungen einer geschichtlichen Situation.

Im Geschichtsunterricht sind wissenschaftliche Texte vor allem dann interessant, wenn sie zu **Forschungskontroversen** Stellung nehmen. „Forschungskontroversen" sind wissenschaftliche Diskussionen um die richtige Deutung eines historischen Geschehens; dabei werden die sicheren Fakten und die Quellenlage durch unterschiedliche Interpretationen zum Deutungsproblem. Diese Kontroversen sind interessant, weil sie wie im Brennspiegel den Forschungsstand zu einem Thema zeigen; die wichtigen Wissenschaftler können nicht umhin, innerhalb dieser Kontroversen Stellung zu beziehen.

In Prüfungssituationen werden wissenschaftliche Texte nicht allzu häufig eingesetzt, da der methodische Schwerpunkt des Faches auf der Quelleninterpretation liegt. Die Einbeziehung deutender Texte in eine Prüfung kann aber bei besonders wichtigen Themen oder im Blick auf die großen Kontroversen der Geschichtswissenschaft sinnvoll sein, so weit die in den Lehrplänen eingearbeitet sind. Die beiden folgenden Übungstexte greifen zwei dieser umstrittenen Themen auf: Der erste Text beschäftigt sich mit der Frage nach der Form des deutschen Antisemitismus in der NS-Zeit und streift die so genannte „Goldhagen-Kontroverse"; der zweite Text fasst die Debatte zur Schuld am Ersten Weltkrieg, also zur „Julikrise" 1914 zusammen.

Die Auswertung wissenschaftlicher Texte setzt die Schwerpunkte etwas anders als die Bearbeitung von Textquellen. Gleich sind die Ausgangsfragen:
- Was ist das Thema des Textes?
- Zu welcher historischen Situation bezieht der Text Stellung?
- Welchen inhaltlichen Standpunkt nimmt der Autor ein?

Die eigentliche Bearbeitung eines wissenschaftlichen Textes besteht aber darin,
- das wesentliche Urteil des Textes zu einer historische Situation oder zu einem umstrittenen Thema nachzuvollziehen
- und die Begründung für diese Deutung im Einzelnen zu erschließen.

Im Zusammenhang einer umfassenderen Aufgabenstellung könnten Zusatzfragen von Ihnen eine Bewertung der Deutung verlangen, z. B. eine Gegenüberstellung mit anderen Sichtweisen der Thematik.

Auf den Punkt gebracht

Wissenschaftliche Texte:
- Formen: Deutungen historischer Situationen; Stellungnahmen innerhalb von Forschungskontroversen
- Stil: wissenschaftliche Darstellungen, Begründung durch Fakten und Verweise auf die Quellenlage
- Analyse-Ziel: Position des Autors

Aufgabe 14   Ulrich Herbert zum Antisemitismus der deutschen Gesellschaft nach 1938 (1998)

Die Judenpolitik des Regimes war in den breiten Kreisen der Bevölkerung vermutlich nicht populär. Aber sie war auch kein vorrangiges oder zentrales Thema; denn es gab doch vieles, weswegen man Hitler und den Seinen auch „Fehler" oder „Übertreibungen" in anderen Bereichen nachzusehen bereit war. Angesichts der Dauerserie politischer Großereignisse und der virulenten wirtschaftlichen und sozialen Besserstellung der meisten Deutschen schien die Politik des Regimes gegenüber den Juden ein wenn auch nicht schöner, so doch aber marginaler, womöglich unvermeidlicher – im Verhältnis zu den Erfolgen der Nazis aber jedenfalls nachrangiger – Aspekt zu sein. Diese Gleichgültigkeit, die Bereitschaft, die Verfolgung der Juden hinzunehmen, sie als unwichtig zu ignorieren – dies kennzeichnete die Haltung der „gewöhnlichen Deutschen" gegenüber den Juden in diesen Jahren offenbar mehr als alles andere. Sie verweist darauf, dass die allgemeinen Prinzipien einer, wie man heute sagen würde, zivilen Gesellschaft – Schutz des Individuums, Universalität der Menschenrechte, Minderheitenschutz – in Deutschland nur wenig verwurzelt waren.

Für jedermann offensichtlich trat dies nach den Pogromen des 9. November 1938 zutage. Zwar gab es viel Kritik an den so genannten „Ausschreitungen" in dieser Nacht, aber das Regime war davon keineswegs beunruhigt, ganz anders als im Fall der anwachsenden Kritik gegen die Praxis der Tötung von Geisteskranken eineinhalb Jahre später. Der Unterschied liegt auf der Hand: Am Schicksal der eigenen Verwandten nahmen die Deutschen sehr wohl Anteil, auch wenn es sich um Behinderte handelte; und das Regime sah sich gezwungen, angesichts der lautwerdenden Proteste sein Vorgehen zu ändern und jedenfalls abzumildern. Ganz anders gegenüber den Juden. Als im Herbst 1938 für jedermann offensichtlich wurde, zu welchem Ausmaß an Gewalt die Politik gegenüber den Juden in der Lage und bereit war, kam es zu nichts Vergleichbarem. Die geäußerte Kritik bezog sich vielmehr vor allem auf den Krawall, den „plebejischen" Charakter, auf die Form der Ausschreitungen am 9. November und – geradezu stereotyp – auf die „unnötige Vernichtung von Werten". Von den 91 ermordeten Juden jedoch sprach kaum einer, und auch als die Gerichtsverfahren gegen die Mörder ohne Ausnahme niedergeschlagen wurden, gab es weder Nachfragen noch Kritik; weder in der Justiz noch im Publikum. Als das Regime nach den Pogromen die Form der antisemitischen Politik modifizierte und statt der Ausschreitungen des Straßenmobs eine stille, gesetzförmige, gleichwohl im Ergebnis noch verschärfte Politik gegen die Juden begann, die durch die Inhaftierung von mehr als 20 000 jüdischen Männern in Konzentrationslagern nach dem 9. November eingeleitet wurde, begann sich die Aufregung schnell zu legen. Die Ermordung der Juden, so lautete das Signal dieser Ereignisse an die Regimeführung, stieß auf keine rechtlichen Gegenmaßnahmen mehr. Und von der deutschen Bevölkerung war, vermied man nur öffentliches Aufsehen, Aufruhr und Sachbeschädigung, offenkundig außer Gleichgültigkeit nichts zu erwarten.

Aus: Ulrich Herbert: Vernichtungspolitik. In: Ulrich Herbert (Hrsg.): Nationalsozialistische Vernichtungspolitik 1939–1945. Neue Forschungen und Kontroversen. Frankfurt: Fischer ²1998, S. 39 f.

1. Klären Sie zuerst das Thema des wissenschaftlichen Textes und die historische Situation, auf die er sich bezieht!

2. Erarbeiten Sie die wesentlichen Aspekte der vom Autor für die Deutschen behaupteten Haltung zur Judenpolitik der Nazis!

3. Vergleichen Sie die These Herberts mit der Goldhagens vom „eliminatorischen Antisemitismus" der Deutschen! Stellen Sie dabei die beiden Standpunkte vor einem vergleichenden Urteil kurz dar!

Aufgabe 15 Volker Ullrich zur fachwissenschaftlichen Kontroverse über die „Kriegsschuldfrage"

Über diese Frage hat es seit dem Erscheinen von Fritz Fischers Buch *Griff nach der Weltmacht* im Herbst 1961 eine langjährige, leidenschaftliche Debatte, die so genannte *Fischer-Kontroverse*, gegeben. Sie hat bei allen produktiven Anstößen, die von ihr ausgingen, bis heute zu keiner Einigung geführt. Lässt man die ältere apologetische Version vom „Hineinschlittern" der europäischen Mächte in den Weltkrieg beiseite, die kaum noch Fürsprecher findet, so stehen sich im Wesentlichen drei Interpretationen gegenüber. Die erste verbindet sich mit dem Namen Fritz Fischers und seiner Schüler, die nachzuweisen glaubten, die deutsche Reichsleitung habe im Juli 1914 in der sicheren Erwartung, England neutral halten zu können, den Kontinentalkrieg mit Russland und Frankreich provoziert, um über die Erringung einer Hegemonie in Europa endlich auch den deutschen Anspruch auf eine Weltmachtstellung in die Tat umzusetzen. Diese Auffassung hat Fischer schrittweise radikalisiert bis zur Behauptung eines von langer Hand geplanten und zielstrebig herbeigeführten Angriffskrieges. Noch in seinen jüngsten Publikationen hat der Hamburger Gelehrte diese Deutung mit Vehemenz verteidigt.

Eine zweite Gruppe von Historikern, repräsentiert vor allem durch Wolfgang J. Mommsen und Hans-Ulrich Wehler, interpretiert die deutsche Politik im Juli 1914 vor dem Hintergrund der verfahrenen innenpolitischen Lage des Kaiserreichs. Angesichts wachsender innerer Schwierigkeiten und mangels Reformalternativen hätten sich die in die Defensive gedrängten konservativen Führungsschichten dazu entschlossen, die „Flucht" anzutreten, das heißt die systemimmanente Blockade durch eine aggressive Wendung nach außen zu durchbrechen. Das deutsche Handeln in der Julikrise war demnach nicht Ergebnis einer zielstrebigen Kriegsplanung zur Durchsetzung expansiver Ziele, sondern Ausdruck einer primär innenpolitisch bedingten Krisenbewältigungsstrategie, mit deren Hilfe die traditionellen Eliten ihre gefährdete Machtstellung stabilisieren wollten.

Eine dritte Gruppe, zu deren Exponenten unter anderen Egmont Zechlin, Karl Dietrich Erdmann, Andreas Hillgruber und neuerdings vor allem Klaus Hildebrand zu rechnen sind, betrachtet demgegenüber die Entscheidungen des Juli 1914 vornehmlich im Licht außenpolitisch-strategischer Überlegungen. In der damaligen Krisensituation sei es darum gegangen, den Prozess einer ständigen Verschlechterung der internationalen Position des Reiches umzukehren und damit letztlich seine Bewegungsfreiheit als Großmacht zu bewahren. In einer als defensiv verstandenen Gesamtkonstellation habe die Reichsleitung zu einer diplomatischen Offensive Zuflucht genommen, die zwar von vornherein das Risiko eines großen Krieges einkalkulierte, diesen aber nicht wirklich herbeiführen wollte. Vielmehr habe sie gehofft, den österreichisch-serbischen Konflikt lokalisieren zu können. Mit dieser Politik des „kalkulierten Risikos" sei sie indessen gescheitert.

Keine der hier nur kurz skizzierten Denkschulen kann für sich beanspruchen, auf alle Probleme, die sich im Zusammenhang mit dem Kriegsausbruch 1914 und der Rolle der deutschen Reichsleitung stellen, überzeugende Antworten gefunden zu haben.

[...] Versucht man abschließend ein Gesamturteil über die deutsche Risikopolitik in der Julikrise, so bietet sich vielleicht folgende Kurzformel an: Die hausgemachte *Einkreisungs*-Psychose, vor allem die Furcht vor einer angeblich drohenden „russischen Gefahr", verbunden mit dem Bedürfnis, endlich den gordischen Knoten der innenpolitischen Blockade zu durchschlagen, trieben die deutsche Reichsleitung in eine hochgefährliche Konfliktstrategie mit den Ententemächten, die auf einer völlig ungesicherten, im Kern realitätsfernen militärischen Lagebeurteilung beruhte und die – mit innerer Folgerichtigkeit – zum Weltkrieg eskalierte. Bedrohungsangst und Aggressionslust waren auf eigentümliche Weise miteinander verknüpft.

Aus: Volker Ullrich: Die nervöse Großmacht 1871–1918. Aufstieg und Untergang des deutschen Kaiserreichs. Frankfurt: Fischer 1999, S. 251 ff.

1. *Erarbeiten Sie aus dem Text die wissenschaftlichen Erklärungsmodelle zur Kriegsschuldfrage 1914!*

2. *Erläutern Sie vergleichend die wissenschaftliche Position des Autors!*

Bildquellen

Zu den Bildquellen gehören viele unterschiedliche Formen. Allen Bildquellen gemeinsam ist der visuelle Zugang zur historischen Wirklichkeit, die sie abbilden oder auf die sie sich beziehen. Die wichtigsten Arten von Bildquellen sind **Fotografien**, gezeichnete und **gemalte Bilder** jeder Art und Verwendung sowie **Karikaturen**.

Historische Bilder bieten im Allgemeinen einen leichteren Zugang zu ihren Inhalten als Textquellen: Sie sind einfacher zu überblicken und deutlicher strukturiert. Sie zeigen einen Momentausschnitt aus der historischen Situation, erfassen deswegen aber auch nur einen beschränkten Bereich. In jedem Fall ermöglichen vor allem dokumentarische Bildquellen wie Fotografien oder realistische Gemälde und Zeichnungen einen authentischen und unmittelbaren Blick auf ein Detail einer vergangenen Epoche.

Bildquellen besitzen im Vergleich zu Textquellen eine betontere Perspektivität; denn das Bild enthält als Momentaufnahme einen knapperen Zugriff auf die historische Wirklichkeit. Der Produzent des Bildes muss sich entscheiden, welchen Situationsausschnitt er auswählt; diese Entscheidung ist von seinen Interessen, Positionen, seinem Standpunkt – eben seiner Perspektive – abhängig. Deswegen ist bei Bildquellen die Bewertung des ideellen Standpunkts leichter möglich, da sich die inhaltliche Perspektive, mit der das Bild die historische Situation betrachtet, als zentrales Gestaltungselement jedes bewusst erstellten Bildes relativ schnell erkennen lässt.

Wie bei allen Quellen basiert die systematische Analyse einer Bildquelle auf Kenntnissen über das historische Umfeld, dem sie entstammt; nur dann ist eine zutreffende Einordnung der Quelle möglich.

1 Aufbau einer systematischen Analyse von Bildquellen

Das folgende Interpretationsmodell soll es Ihnen ermöglichen, alle Arten von Bildquellen zu analysieren; es versucht dabei auch, den jeweiligen Besonderheiten der einzelnen Formen Raum zu geben.
Im **ersten Kapitel** wird das Frageraster an einem Ausgangsbeispiel entwickelt. Das **zweite Kapitel** erläutert die unterschiedlichen Arten der Bildquellen und vertieft die neuen Kenntnisse durch Beispiele und Übungsaufgaben. Das syste-

matische Vorgehen soll Ihnen eine grundlegende Orientierung innerhalb dieses thematischen Bereichs verschaffen. Sie sollten so zuletzt in der Lage sein, jede **Bildquelle** und deren **Besonderheiten** zu erkennen und die Quelle **systematisch** nach dem erlernten Muster **auszuwerten**.

In schriftlichen Prüfungen werden Sie wahrscheinlich nur mit Teilfragen dieses Interpretationsmodells konfrontiert sein; doch auch begrenzte Fragestellungen sind vor dem Hintergrund der erlernten Systematik besser zu erkennen und zu bewältigen.

Im Folgenden wird das Modell im Detail beschrieben und mithilfe eines Ausgangsbeispiels in seiner Funktion verdeutlicht.

1.1 Herkunft und Wahrheitsgehalt der Bildquelle: Wie authentisch ist die Quelle?

Wie bei jeder Quelle ist auch bei Bildquellen die Frage nach ihrer **Authentizität** entscheidend. Was man darunter versteht, erschließt sich durch die folgenden **Fragen**: *Aus welcher Zeit stammt die Quelle? Ist sie unmittelbarer Ausdruck der Zeit, die sie abbilden will, oder ist sie später entstanden und eine nachträgliche Rekonstruktion?*

Im zweiten Fall sollten sich die Fragen anschließen: *Wie zeit- und situationsnah ist die Darstellung? Handelt es sich bei einem Gemälde z.B. um das Bild eines Augenzeugen? Ist die Entstehungszeit der Quelle noch eng genug mit dem Zeitraum verknüpft, den sie beschreibt?*

Kann ein Bild nicht als authentisch angesehen werden, wird es mehr über den **Standpunkt des Produzenten** und damit über die Entstehungszeit der Quelle aussagen als über die dargestellte Zeit!

Ein **Beispiel** für einen solchen Fall: Der Maler eines Gemäldes über die Ausrufung des Deutschen Kaiserreichs in Versailles 1871 verändert bewusst die Positionen der wichtigsten Handelnden und stellt Bismarck in den Mittelpunkt des Geschehens; damit könnte das Bild – entgegen dem tatsächlichen Ablauf – nachträglich eine Erhöhung der Stellung des Reichskanzlers beabsichtigen. Der Maler folgte dann z.B. dem Bismarck-Kult nach seinem Rücktritt 1890 und der Bewertung des Kanzlers als entscheidendem Faktor bei der Reichsgründung. Die Analyse der Umdeutung verrät in diesem Fall mehr über das Denken in der Zeit nach 1890 als über das konkrete historische Ereignis.

Bei jeder Interpretation einer Bildquelle bietet es sich vor dem Hintergrund der letzten Aussagen an, einleitend mit einer „Sicherung der Quellenbasis" zu

beginnen. Dies ist im Normalfall leicht zu leisten, da die in Frage kommenden Informationen in der Aufgabenstellung bereit gestellt sein müssten.
Nennen Sie also zuerst
- die Art der Quelle, etwa Fotografie, Gemälde, Plakat usw. (zu einer genaueren Unterscheidung vgl. unten!),
- die Entstehungszeit,
- den Produzenten oder Herausgeber,
- eventuell den Titel (z. B. einer Karikatur).

Diese „Sicherung der Quellenherkunft" vermeidet grundlegende Zuordnungsfehler und ermöglicht den eventuellen Rückverweis in späteren Analyseteilen.

1.2 Inhalte: Was wird dargestellt?

Den Kern einer Bildquellenanalyse stellt die Erläuterung der Quelleninhalte dar. Dazu empfiehlt sich die folgende Systematik, sie enthält drei Arbeitsschritte:

Thema: Wie bei allen Quellen fragt man auch bei Bildquellen zuerst nach dem hauptsächlichen Thema: *Um welche grundlegende historische Situation bzw. um welchen Situationsausschnitt handelt es sich?*

Inhalte: Der zweite Schritt ist die Klärung der dargestellten Inhalte, also der im Bild erkennbaren **faktischen Details** der historischen Situation. Dabei sollten Sie beachten, dass die Beschreibung und Erläuterung der wesentlichen Inhalte den Kern jeder schulischen Quelleninterpretation darstellt. Sie sollten deswegen hier bei jeder Aufgabe auf Vollständigkeit achten!
Die abgebildeten Inhalte einer Bildquelle sind im Normalfall:
- Personen- oder Personengruppen
- Gegenstände
- Orte und Landschaften
- Ereignisse (etwa Schlachten, Staatsbesuche, Demonstrationen)
- Kombinationen mehrerer Aspekte

Alle diese Bereiche werden natürlich erst durch die **spezifische Situation**, der sie entstammen, interessant. Die aufgelistete Unterscheidung erleichtert aber den Zugang zum Bildverständnis, da sie den wesentlichen Aspekt eines Bildinhalts betont und dadurch die Strukturierung (die sinnvolle Ordnung der einzelnen Aspekte) vorbereitet.

Historischer Hintergrund: Die Details der Quelle lassen sich entsprechend im dritten Schritt auf ihren **geschichtlichen Hintergrund** erklärend beziehen. Bildquellen zeigen einen Ausschnitt aus dem historischen Umfeld, werden aber durch dieses auch näher in ihrem Aussagewert bestimmt.

Hilfsmittel
Grafische Aufbereitung der Bildquelle: Vor dem Beginn der schriftlichen Ausarbeitung empfiehlt es sich, Bildquellen nach ihren wesentlichen Elementen grafisch zu strukturieren. Die unten abgedruckte Beispielsskizze greift die wesentlichen Aspekte der Bildquelle heraus und macht ihren inhaltlichen und gestalterischen Zusammenhang schnell sichtbar.

Erstellen eines Tabellenrasters: Ein Tabellenraster fasst die inhaltliche Analyse vorweg stichwortartig zusammen; eine solche Übersicht kann die schriftliche Erläuterung erleichtern.

1.3 Gestaltungsmittel: Wie werden die Inhalte dargestellt?

Anders als bei Textquellen besitzen bei Bildquellen die formalen **Gestaltungselemente** einen besonderen Stellenwert für die Erschließung der Position des Produzenten oder Nutzers der Quelle. Die wichtigsten Gestaltungsmittel sind:
- die Darstellungstechnik bzw. der künstlerische Stil
- die Wahl der Ausschnitte und Perspektiven
- die besondere Gruppierung und Komposition der Inhalte
- dabei die Gewichtung einzelner Bildaspekte
- die Entscheidung für bestimmte Lichtverhältnisse und Farben
- die Verwendung von Symbolen, Allegorien und anderen Bildern

1.4 Aussageabsicht: Wie ist der Standpunkt der Bildquelle in der historischen Situation?

Der Standpunkt des Quellen-Produzenten, seine ideelle Position, wird normalerweise nach der Beschreibung von Inhalt, Zusammenhang und Gestaltung der Quelle deutlich sichtbar sein. Die Position der Quelle kann so im nächsten Schritt in die historische Situation eingeordnet werden. Sie erfassen den Quellenstandpunkt durch Fragen wie:
- Welche Funktion hatte die Quelle innerhalb des wirtschaftlichen, gesellschaftlichen, kulturellen oder politischen Systems der Zeit?
- Welcher Gruppe oder Partei gehörte der Quellenproduzent an?
- Welche Position, Person oder Gruppe wurden kritisiert oder angegriffen?

1.5 Bewertung: Welche Bedeutung hat die Quelle aus heutiger Sicht?

Wie alle Quellen können auch Bildquellen Ausgangspunkt einer deutenden Einordnung sein, die über das situative Umfeld der Quelle hinausgeht.

Bei Bildquellen kommen aufgrund von deren formaler, gestalterischer oder künstlerischer Charakteristik interpretative Möglichkeiten hinzu, die sich z. B. auf die Entwicklung oder den Vergleich von
- Kunststilen,
- Gestaltungsmitteln und Darstellungstechniken und
- Verbreitungsmedien

beziehen.

Ein **Beispiel** zu einer solchen stilkritischen Einschätzung sind die berühmten Plakat-Montagen von John Heartfield aus den Zwanziger und Dreißiger Jahren. Sie verraten über ihre politische Position hinaus auch etwas über neue künstlerische Techniken der Moderne. Zum einen erlauben sie eine Bewertung der beachtlichen künstlerischen Entwicklungen in der Weimarer Republik, zum anderen aber auch eine Einschätzung der Montagetechnik als grundlegend und stilbildend für viele spätere Strömungen, etwa auch für die heutige Werbe-Ästhetik.

Auf den Punkt gebracht

Das vollständige Interpretationsmodell von Bildquellen umfasst folgende Aspekte:
- Herkunft und Wahrheitsgehalt der Quelle
- Thema
- Konkrete Inhalte
- Historischer Bezug der Inhalte
- Gestaltungsmittel
- Aussageabsicht
- Bewertung der Bedeutung der Quelle im Ablauf der Geschichte

---

Im Folgenden werden die auf den letzten Seiten erarbeiteten Punkte anhand eines Beispiels systematisch ausgeführt.

Beispiel

Titelbild aus „Kolonie und Heimat" (1913)

Bei der **grafischen Aufbereitung** der Bildquelle werden die Hauptperson in der Mitte und die zugeordnete Gruppe der Untertanen um die zentrale Figur herum unterschieden. Verdeutlichen lässt sich auch die Betrachterperspektive durch einen Pfeil zum leicht erhöhten Zentrum. Zudem werden einzelne Details markiert, deren Hintergrundbedeutung geklärt werden sollte.

Hilfsmittel: Grafische Aufbereitung und Tabellenraster

wichtige Details   Bildzentrum

Inhalt	Historischer Hintergrund
Wilhelm II.	deutsches Kaiserreich seit 1871 Konstitutionelle Monarchie Kaiserkult und Wilhelminismus
Eingeborene	unterschiedliche deutsche Kolonien deutsches Kolonialreich: (in Afrika Togo, Kamerun, Südwestafrika, Deutsch-Ostafrika, in Asien die chinesische Enklave Kiautschou, im Pazifik West-Samoa, ein Teil Neuguineas und einige kleinere Inselgruppen)
Kriegsschiff	deutsche Kolonial- und Flottenpolitik als Prestigeobjekte deutscher Außenpolitik

Bearbeitungsmöglichkeit

Bei der Quelle, dem Titelbild der Kolonialzeitschrift „Kolonie und Heimat" aus dem Jahr 1913, handelt es sich um eine Zeichnung. Herausgeber der Zeitschrift ist der „Frauenbund der Deutschen Kolonialgesellschaft"; die Zeitschrift berichtete über die deutschen Kolonien.

Die Quelle besteht in der Gestaltung aus drei Teilen: Das wesentliche Element ist die bildliche Darstellung. Den Kopf der Quelle bilden der Titel und eine Art „Impressum". Der dritte Teil ist ein Gedicht, das dem Bildzusammenhang inhaltlich zugeordnet ist.

Die Bildquelle bezieht sich auf die deutsche Kolonialgeschichte zwischen 1884 und 1918; sie entstammt der letzten Phase dieser historischen Situation, dem Zeitraum vor dem Ersten Weltkrieg.

Typische Vertreter der Bevölkerungsgruppen der unterschiedlichen deutschen Kolonien gruppieren sich „huldigend" um den deutschen Kaiser Wilhelm II. Er steht entsprechend im Mittelpunkt des Bildes, umgeben von einer Fahne mit dem Reichs-Adler, die ein Eingeborener hält, einem Kranz aus Eichenlaub und aus den Blüten einer tropischen Nutzpflanze, wahrscheinlich Kaffee, und einem Kriegsschiff; Wilhelm II. selbst ist in militärischer Uniform mit Tropenhelm dargestellt.

Kaiser Wilhelm II. (1890–1918) wird als politischer Mittelpunkt des Reiches gezeichnet. Das Bild verweist auf die verfassungsmäßig starke Stellung des Kaisers im konstitutionellen System des Kaiserreichs (1871–1918). Es macht aber auch den Kaiserkult in der Ära des Wilhelminismus sichtbar: Die Position und die Person des Kaisers wurden als Zentrum des deutschen Gesellschaft fast religiös verehrt. Deswegen und aufgrund des starken Einflusses des Kaisers auf Gesellschaft und Kultur wird die Regierungszeit Wilhelms II. auch als „Wilhelminismus" bezeichnet.

1. Herkunft und Wahrheitsgehalt der Quelle
   a) Art der Quelle, Titel
   b) Entstehungszeit, Herausgeber
   c) Beschreibung des Quellenaufbaus
   d) Bestimmen des Themas

2. Was wird dargestellt?
   a) Beschreibung der in der Bildquelle sichtbaren historischen Inhalte
   b) Erklärung der historischen Bezüge (historischer Zusammenhang)

Die dargestellten Eingeborenen stehen für alle wichtigen deutschen Kolonien: Links die Afrikaner, in der militärischen Uniform dabei erkennbar ein sog. „Askari", ein eingeborener Soldat der deutschen Kolonialtruppen in Ostafrika; rechts ist ein chinesischer Würdenträger aus Kiautschou sichtbar, rechts vorne ein eingeborener Papua aus Neuguinea, erkennbar an der Steinhacke. Insgesamt umfasste das deutsche Kolonialreich in Afrika Togo, Kamerun, Südwestafrika, Deutsch-Ostafrika, in Asien die chinesische Enklave Kiautschou, im Pazifik West-Samoa, einen Teil Neuguineas und einige kleinere Inselgruppen.

Kriegsschiff und Tropenuniform verweisen auf die Kolonial- und die Flottenpolitik des Deutschen Reiches. Unter „Kolonialpolitik" versteht man den Erwerb von Kolonien vor allem in Afrika und Asien, um diese als Rohstoffquelle, Markt und Siedlungskolonien zu nutzen. Die deutsche Kolonialpolitik begann 1884 mit der durch den damaligen Reichskanzler Bismarck initiierten Übernahme des deutschen „Schutzgebietes" Deutsch-Südwestafrika und endete 1919 mit dem Verlust aller Kolonien im „Versailler Vertrag". Die deutsche Flottenpolitik unter Führung des Admirals Tirpitz und des Kaisers Wilhelm II. versuchte, durch den Aufbau einer großen deutschen Schlachtflotte seit dem Ende des 19. Jahrhunderts eine Weltmachtstellung zur See zu begründen; dies führte allerdings zu einer außenpolitischen Konfrontation mit der damals stärksten Weltmacht England. Sowohl die Kolonial- als auch die Flottenpolitik waren Prestigeobjekte der deutschen Außenpolitik und wurden entsprechend in der deutschen Öffentlichkeit dargestellt. Ihre Bedeutung ist auch aus dem Zeithintergrund zu verstehen: Der Erwerb von Kolonien und der Besitz einer starken Flotte galten im Zeitalter des Imperialismus (ca. 1880–1918) in allen führenden Industriestaaten (v. a. England, Frankreich, Deutsches Reich, USA, Japan) als unverzichtbare Bestandteile der eigenen Machtentwicklung.

c) Klärung der Details

Entscheidend ist bei dieser Quelle die Anordnung der Personen bzw. Personengruppen: Wilhelm II. wird durch die erhöhte Position, die zentrale Anordnung und die Umkränzung als absetzenden Rahmen deutlich herausgestellt. Diese Komposition wird dadurch gestützt, dass der Rest der Darstellung ein Bild einer tropischen Landschaft mit Eingeborenen und Kriegsschiff ist: Wilhelm wird als darüber schwebend zugeordnet.

3. Gestaltung der Inhalte
a) Bildkomposition

Zweites Element der Komposition ist die harmonische Gesamtgestaltung durch die Gestik, den Hintergrund und durch die symmetrische Zuordnung der Bildelemente.

Der Betrachter sieht aus dem Bild-Vordergrund über die Eingeborenen hinweg auf den im Hintergrund deutlich abgehobenen Kaiser, der den direkten und geradlinigen Zielpunkt des Betrachtens bildet. Der Betrachter wird so perspektivisch den Untertanen zugeordnet und indirekt in die Huldigungsgeste einbezogen.

b) Perspektive

Das Bild benutzt das Mittel der Typisierung: Die Eingeborenen sind durch Kleidung und Hautfarbe als typische Vertreter ihrer Bevölkerungsgruppen zu erkennen. Sie stehen symbolisch für die gesamte Kolonialbevölkerung.

c) Figurengestaltung Typisierung

Der Kranz als Siegeszeichen und die Fahne als Symbol des Reichs verdeutlichen und steigern die Position des Kaisers. Beide Elemente sind geläufige Symbole bzw. Topoi (*Topos*: immer wiederkehrendes Motiv) der politischen Propaganda. Das Kriegsschiff ist Symbol der als Prestigeobjekt wichtigen deutschen Kriegsflotte.

d) Bildhaftigkeit

e) Topos

Das Bild kann insgesamt als Allegorie angesehen werden. Eine Allegorie ist ein vereinfachendes Bild, das in leicht verständlicher Weise einen umfangreicheren anderen Zusammenhang bezeichnet und diesen erklärt. Die einzelnen Teile des zugrunde liegenden Bildes symbolisieren jeweils wichtige Teile des gedeuteten Zusammenhangs. Diese symbolische „Brücke" zwischen dem Ausgangsbild und seinem Bezug verrät dem Betrachter überhaupt erst, dass es sich um eine Allegorie handelt. Der Symbolgehalt der Bildelemente ergibt sich im Normalfall aus der kulturellen Tradition oder aus dem Kontext, in dem das Bild steht.

f) Allegorie

Die allegorische Aussage ist bei „Kolonie und Heimat" vor allem aus dem genau bezeichneten Kontext leicht erkennbar: Wilhelm II. symbolisiert sich selbst in seiner zentralen Rolle als Kaiser, die Eingeborenen bezeichnen ihre Bevölkerungsgruppen, und die harmonisierende Komposition steht für die richtige und allgemein akzeptierte Ordnung des deutschen Kolonialreiches.

g) Kontext

Die Zeichnung idealisiert einen geschichtlichen Zusammenhang: Sie zeigt eine einfache, harmonische Situation, die das Ideal der Beziehung zwischen Deutschem Reich und seiner Kolonialbevölkerung darstellt. Das Bild benutzt gleichfalls einen einfachen „Plot", der eine schöne Geschichte von Reich, Kaiser und seinen zufriedenen farbigen Untertanen erzählt.

h) Stil Idealisierung

i) Plot

Das Bild ist der Kolonialzeitschrift „Kolonie und Heimat" entnommen, die von der „Deutschen Kolonialgesellschaft" herausgegeben wurde. Der Verband vertrat die Interessen der in den Kolonien aktiven Deutschen und ihrer Unterstützer und setzte sich für ein starkes kolonialpolitisches Engagement des Reiches ein.

4. Aussageabsicht
a) Position des Bildproduzenten innerhalb der historischen Situation

Die Quelle gibt die grundlegende Sichtweise des Kolonialverbandes symbolisch wieder: die hierarchische, aber gleichzeitig harmonische Ordnung zwischen dem Kaiser als Vertreter des Deutschen Reichs und der eingeborenen Bevölkerung der Kolonien. Die fremden Untertanen verehren den Kaiser als den über ihnen stehenden Herrscher. Diese Situation kann als Ideal der Kolonialpolitik verstanden werden, gleichzeitig als Idealisierung der kolonialen Wirklichkeit. Die Quelle steht mit dieser Idealisierung für eine positive Sichtweise der Kolonialpolitik; die Zeitschrift setzt sich damit für das Engagement Deutschlands in den Kolonien ein.

b) Ideologischer Standpunkt der Quelle

Die starke Rolle des Kaisers in der Bildkomposition verrät auch Aspekte der allgemeinen politischen Position der Herausgeber der Zeitschrift: Sie verstehen sich in der Verehrung des Kaisers als staatstragend und sehen sich – aus ihrer Sicht aufgrund der Unterstützung Wilhelms II. für die Kolonialpolitik berechtigt – in der politisch gleichen Position wie die Führung des Reiches. Das Bild idealisiert auf diese Weise gleichzeitig die Monarchie als politisches System.

Die idealisierende Darstellung der deutschen Kolonialpolitik entspricht nicht der Realität: Sie war seit 1904 vor allem durch brutale Kolonialkriege des Deutschen Reichs in Afrika geprägt; Aufstände der Einheimischen wurden äußerst grausam niedergeschlagen. Die Eingeborenen hatten versucht, sich gegen die zunehmende faktische und kulturelle Enteignung zu wehren. Die Folgen waren die Unterwerfung der ehemaligen Landbesitzer und ihre Unterordnung unter die deutschen Interessen.

5. Bewertung
a) Ideologiekritischer Vergleich von Bildaussage und Hintergrundwissen

Die kolonial aktiven Deutschen waren zudem oft von sozialdarwinistischen und rassistischen Denkweisen bestimmt: Sie fühlten sich also als rassisch überlegen und aufgrund ihrer technischen und vermeintlich kulturellen Dominanz auch dazu berechtigt, die Kolonialbevölkerung zu unterwerfen und auszunutzen.

Die im Bild dargestellte harmonische Beziehung zwischen Untertanen und Kaiser widerspricht also den Fakten, so wie sie die Geschichtswissenschaft heute einschätzt. Zutreffend ist die Darstellung in der klaren Hierarchie der Beteiligten: Die Eingeborenen befinden sich auch in diesem Bild in der Rolle der Untergeordneten.

Die starke Idealisierung der Quelle lässt sich als bewusst eingesetztes Propagandamittel im innenpolitischen Kampf um die Kolonialpolitik des Deutschen Reichs verstehen. Denn seit den ersten Kolonialkriegen mit ihren Brutalitäten, sehr hohen Kosten und Verlusten gab es in Deutschland starken Widerstand gegen die Kolonialpolitik: Die Sozialdemokratie und linksliberale Gruppen wendeten sich vor allem aus ethischen Gründen gegen die Unterdrückung und Ausbeutung der Kolonien; die Kolonialgegner verweigerten – allerdings aufgrund der Mehrheitsverhältnisse im Reichstag und wegen des außenpolitischen Primats des Kaisers erfolglos – die Gewährung der Haushaltsmittel für die Kolonialkriege, sie verfolgten das kolonialpolitische Engagement auch später generell mit Skepsis. Darstellungen wie die in dieser Quelle sollten den Kritikern durch ihr harmonisches Modell den Wind aus den Segeln nehmen, indem sie die freudige Akzeptanz der deutschen Herrschaft durch die Kolonisierten behaupteten.

b) Funktion der Quelle im innenpolitischen Streit

Auf den Punkt gebracht

Um eine Bildquelle systematisch auszuwerten, sollten Sie folgenden Arbeitschritten folgen:

Herkunft und Wahrheitsgehalt der Bildquelle
- Nennen Sie Entstehungszeit und -ort,
- den Quellen-Produzenten oder -Herausgeber
- und die Quellenart.

Inhalte der Bildquelle und deren historische Bezüge
- Bestimmen Sie das Thema der Bildquelle
- und beschreiben Sie die abgebildeten Inhalte.
- Erklären Sie die historischen Bezüge der wesentlichen Inhalte.

Gestaltungsmittel
- Beschreiben Sie zuerst immer die besonderen Gestaltungselemente der Bildquelle.
- Bestimmen Sie anschließend die Funktion der einzelnen Gestaltungselemente, zum Beispiel
  - die Darstellungstechnik bzw. den künstlerischen Stil,
  - die Wahl der Ausschnitte und Perspektiven,
  - die besondere Gruppierung und Komposition der Inhalte,
  - dabei die Gewichtung einzelner Bildaspekte,
  - die Entscheidung für bestimmte Lichtverhältnisse und
  - Farben,
  - die Verwendung von Symbolen, Allegorien und anderen Bildern.

Standpunkt der Bildquelle
- Erfassen Sie die mögliche Aussageabsicht, die ideologischen Position der Quelle, und
- bewerten Sie den (situationsinternen) kommunikativen Zusammenhang des Bildes.

Bewertung des Quellengehalts
- (Situationsexternes), aus heutiger Sicht formuliertes (aktuelles) Urteil über die Stellung und Bedeutung der Quelle im geschichtlichen Ablauf.

2 Prüfungsfragen zu Bildquellen

In schriftlichen Prüfungen werden Sie – wie bereits erwähnt – nur mit Teilbereichen dieses Interpretationsmodells konfrontiert sein. Die folgenden Arbeitsschritte werden jedoch fast immer verlangt:
- Erkennen der wesentlichen Inhalte
- Einordnen der Details in geschichtliche Zusammenhänge
- Bestimmen der Aussageabsicht
- Bewertung der historischen Bedeutung der Quelle

Das systematische Vorgehen im Sinne des skizzierten Modells ist als Arbeitsgrundlage immer umsetzbar. Sie sollten die einzelnen Analyseschritte in Ihren Antworten dabei stets aufeinander aufbauend anwenden! Dann können Sie bei keiner Fragestellung zu Bildquellen falsch liegen!

Wie bei allen Aufgabenstellungen in schriftlichen Prüfungen ist es zuerst entscheidend, die in der Frage geforderten Anforderungsbereiche sicher zu erkennen. Mithilfe der einzelnen Analyseschritte ist auch dies möglich: Ordnen Sie den Fragen die einzelnen Bereiche des Interpretationsmodells zu! An den folgenden Beispielen können Sie dies üben.

Beispiele

- *Interpretieren Sie die Karikatur, indem Sie diese in den historischen Kontext einordnen und ihre Kernaussagen aus Text, Bildelementen und Figurenkonstellation ableiten!*

  Die Frage ist leicht zu verstehen, da sie ihrem Erwartungshorizont genau bestimmt. Man kann bei der Antwort nach der dargestellten Systematik vorgehen. Bestimmen Sie also im **ersten Schritt** das Thema, dann die wesentlichen Inhalte im Detail und schließlich die historischen Bezüge der Inhalte („in den historischen Kontext einordnen").

  Der **zweite Schritt** muss die Analyse der Gestaltungsmittel sein („Bildelemente und Figurenkonstellation").

  Aus Inhaltsanalyse und der Erläuterung der Gestaltungselemente sollten Sie im **dritten Schritt** die Aussageabsicht begründet bestimmen und diese auf den historischen Kontext beziehen.

- *Erläutern Sie wesentliche Aussagen der Karikatur ... und beurteilen Sie, inwieweit sie die Situation angemessen wiedergibt!*

Die Frage ist zweigeteilt; sie verlangt im **ersten Teil** in der recht allgemeinen Wendung „wesentliche Aussagen" eine Einschätzung der **Aussageabsicht des Zeichners**. Dazu notwendig ist als Grundlage aber das Erkennen der wichtigsten **Inhalte** und die Erklärung, auf welche konkreten historischen **Hintergründe** sich diese Inhalte beziehen. Kern und Endpunkt der Antwort sollte die Aussageabsicht des Karikaturisten zur historischen Situation sein.

Der **zweite Frageteil** – „Beurteilen Sie, inwieweit diese die Situation angemessen wiedergibt!" – erwartet ein **situationsexternes Urteil**. Sie müssen also aus Ihrer heutigen Sicht bewerten, ob die Aussage des Bildes den historischen Abläufen gerecht wurde. Sie vergleichen dazu die Aussage der Quelle mit Ihrem Wissen und Ihrer Einschätzung der historischen Situation, auf die die Frage gemünzt ist.

Achten Sie bei Ihrer Antwort auf eine **klare These**! Beginnen Sie die Beantwortung der Teilfrage also z. B. folgendermaßen:

- Die Quelle trifft die Situation ...
- Die Quelle geht an der historischen Realität vorbei ...
- Die Aussage ist ideologisch einseitig und trifft nur einen Aspekt der Situation ...
- Die Quelle trifft die Situation teilweise ...
- Die Aussageabsicht trifft die Situation, übersieht aber mögliche andere Aspekte ...

Die zuletzt genannten Thesen deuten eine **abwägende Stellungnahme** an. Dieses Abwägen passt besonders gut zu einem eigenen Urteil; es zeigt, dass Sie den Überblick über die Situation besitzen und die Standpunktgebundenheit von Quellen erkennen können.

- *Erschließen Sie aus der Karikatur, wie der Zeichner die Ergebnisse ... (eines bestimmten historischen Ereignisses) bewertet!*

Die Fragestellung ist sehr dicht und deshalb eher schwierig zu beantworten. Sie bezieht sich als Grundlage auf ein bestimmtes historisches Ereignis, dessen historische Bedeutung bekannt sein müsste, und verlangt eine Analyse der Karikatur in den wesentlichen Zusammenhängen, die in die Erläuterung der Aussageabsicht mündet.

Die Antwort kann bei dieser Fragestellung auch nach unserem Modell systematisiert werden. Den ersten Frageteil könnte man in die genaue Erläuterung der historischen Bezüge der dargestellten Inhalte einbeziehen; in der Beschreibung der Aussageabsicht können Sie darauf begründend zurückgreifen.

Schlüsseln Sie die folgenden Fragestellungen nach den Elementen des oben erarbeiteten Interpretationsmodells genau auf:

Aufgabe 16 Erschließen Sie unter besonderer Berücksichtigung des Erscheinungsorts die Aussage der beigefügten Karikatur! Klären Sie, ob das in der Karikatur gezeichnete Bild den Vorgängen im Zeitraum ... entspricht!

Aufgabe 17 Erarbeiten Sie die Bewertung ... (eines bestimmten historischen Ereignisses) in der Bildquelle!

Aufgabe 18 Ordnen Sie die Quelle der Situation in Deutschland im Jahre ... zu! Interpretieren Sie ausführlich Bild und Text!

3 Verschiedene Arten von Bildquellen

Bildquellen erscheinen in vielfältigen Formen. Um diese zu klassifizieren, gibt es eine ganze Reihe verschiedener Modelle. Alle Einteilungen können jedoch nur Hilfsmittel zur Orientierung sein, da die Grenzen der einzelnen Bildformen in der einzelnen Quelle häufig verschwimmen. Für die Zwecke dieses Abitur-Trainings ist als erster Ausgangspunkt die Unterscheidung nach dem **Wirklichkeitsbezug der Abbildung** nützlich; sie lässt sich mit folgenden zwei Fragen erschließen:
- Wie realistisch ist die Darstellung bzw. wie genau (authentisch) werden Details der historischen Wirklichkeit gezeigt?
- Wie wichtig ist die Aussageabsicht für Gestaltung und Inhalt des Bildes?

Die Fragen verweisen darauf, dass das Medium der Darstellung und seine Abbildungsqualität für den Gehalt einer Bildquelle besondere Bedeutung haben. Die folgende Unterscheidung von Bildquellen benutzt deshalb die Art ihrer Herstellung als Ausgangskriterium.

3.1 Fotografien

Fotografien bilden die Wirklichkeit unmittelbar ab und sind so hervorragende Quellen. Sie erfassen einen genau zu bezeichnenden geschichtlichen Moment und beanspruchen daher eine besonders hohe Glaubwürdigkeit; manchmal haben sie sogar – etwa bei Kriegsverbrechen – die Funktion von Beweisen. Deshalb ist es besonders wichtig, Datum, Ort und die abgebildeten Gegenstände und Personen möglichst genau zu bestimmen. Falsche Zuordnungen führen zum Verlust der Aussagekraft eines Fotos; es wird in diesem Fall als Quelle wertlos.

Aber auch eine Fotografie ist mehr oder weniger mit der Perspektive und den Absichten des Fotografen verbunden. Dieser subjektive Aspekt lässt sich z. B. durch die folgenden Fragen aktivieren:
- Warum hat der Fotograf diese Szene aufgenommen?
- Hat er sie vielleicht sogar selbst inszeniert?
- Welche besonderen Gestaltungsmittel hat er eingesetzt?

Zur Interpretation einer Fotografie gehört also der Blick auf die Gestaltungselemente; auch sie verweisen auf die Aussageabsicht und die mögliche ideelle Position des Fotografen oder des Verbreiters des Fotos.

Der Quellencharakter von Fotografien reicht von zufälligen Zeitdokumenten mit sehr hoher Aussagekraft über die bewusst inszenierte Fotografie bis zur Rolle einzelner Bilder als „Ikone". Die Besonderheiten der einzelnen Formen werden im nächsten Schritt an Beispielen genauer erläutert.

Dokumentarische Fotografien
Dokumentarische Fotografien bilden die Wirklichkeit mit hoher Authentizität ab; ihr Entstehungshintergrund ist der Versuch des Fotografen, seine Zeit möglichst unverfälscht zu dokumentieren.

Beispiel
Deportation von deutschen Juden im Bahnhof Hanau, 18. Mai 1942

Analysieren Sie die folgende Fotografie nach der skizzierten Systematik!

Bearbeitungsmöglichkeit

Die Fotografie ist offensichtlich eine heimlich fotografierte Privataufnahme mit eindeutig dokumentarischem Charakter. Für die Echtheit bürgen das Archiv (Süddeutscher Bilderdienst), das die Fotografie aufbewahrt und die wissenschaftliche Institution bzw. der Forscher, die es veröffentlichen (Dokumentation „Topographie des Terrors" Berlin).
Quellenherkunft

Das Bild dokumentiert mit der Deportation deutscher Juden einen Aspekt der Vernichtung der europäischen Juden zwischen 1939 und 1945 durch die Nationalsozialisten.
Thema

Dargestellt sind Deutsche jüdischer Herkunft, erkennbar an den „Judensternen", unterschiedlichen Alters und Geschlechts, die mit jeweils einem Koffer am Hanauer Bahnhof auf ihren Zug warten. Zu sehen sind auch ein Polizist und ein weiterer Uniformierter, wahrscheinlich ein Bahnangestellter.
Inhalte der Quelle

Das Geschehen dokumentiert einen kleinen Ausschnitt der nationalsozialistischen Judenpolitik seit 1933: Seit dem 17. 10. 1941 wurden deutsche Juden mit der Bahn in die Ghettos und Konzentrationslager im besetzten Osteuropa deportiert und dort – bis auf wenige Ausnahmen – ermordet. Der „Judenstern" musste seit dem 1. 9. 1941 (Polizeiverordnung) getragen werden.
Historischer Hintergrund

Das Foto ist offensichtlich verborgen „aus der Hand" aufgenommen worden: Der angeschnittene Vordergrund rechts unten, die Perspektive und die fehlende Reaktion der Beteiligten weisen auf diesen Entstehungshintergrund hin. Eine durchdachte Bildgestaltung ist deswegen nicht erkennbar.
Gestaltungsmittel

Das Foto verrät in seinen Inhalten und seiner Gestaltung keine direkte Absicht. Aussagekräftig ist lediglich die offensichtliche Verborgenheit des Handelns: Der Fotograf wollte wahrscheinlich einzelne Personen oder die Situation festhalten. Ihm musste die grausame Besonderheit des Geschehens bewusst gewesen sein. Solche Aufnahmen wurden manchmal von Soldaten oder anderen Bewachern gemacht. Ein genauerer Standpunkt ist aber aus dem Bild allein nicht zu erschließen.
Aussageabsicht

Das Bild dokumentiert einen kleinen Ausschnitt aus dem sog. „Holocaust", dem millionenfachen Massenmord, den die deutschen Nationalsozialisten an den europäischen Juden verübten. Das Bild zeigt auch die Wirklichkeit des Holocaust in Deutschland: Betroffen waren ganz normale Menschen, die öffentlich sichtbar diskriminiert und unter der Beteiligung vieler „Mittäter" in die Vernichtungslager deportiert wurden.
Bewertung

Inszenierte Fotografien

Inszenierte Fotografien transportieren neben dem abgebildeten Sachverhalt eine Absicht des Fotografen: Sie sind bewusst inszeniert und wollen in bestimmter Weise auf den Betrachter wirken. Das Spektrum reicht von „gestellten" Familienbildern bis zu Politikerporträts und ästhetisch inszenierten Darstellungen von Großereignissen. Das Beispiel zeigt, wie bei solchen Fotografien die Gestaltung und die damit verknüpfte Absicht zum Leitinteresse der Bildanalyse wird und der eigentliche Bildgehalt wenig über die konkrete Situation aussagt.

Beispiel

Heinrich Hoffmann, Hitler auf dem Reichsparteitag 1933

Analysieren Sie die Fotografie nach der eingeübten Systematik!

Bearbeitungsmöglichkeit

Das Bild ist ein Hitler-Porträt des „Leibfotografen" Hitlers, Heinrich Hoffmann. Nur er durfte nach 1933 Hitler-Porträts herstellen und publizieren; die Aufnahme besitzt deshalb offiziellen Charakter. Sie wurde in Bildbänden Hoffmanns auch unter kommerziellen Interessen tausendfach verbreitet. *Quellenherkunft*

Das Thema der Fotografie ist die Position Hitlers als „Führer" auf dem Reichsparteitag 1933. *Thema*

Die zentrale Figur ist Hitler in der Imperatoren-Rolle, der seine aufmarschierten Anhänger grüßt. Sein Kleidung besteht aus Parteiuniform, Eisernem Kreuz und Hakenkreuz. *Inhalte*

Die NS-Größen Heß und v. Schirach befinden sich im Fond des Wagens und im Hintergrund marschieren SA-Leute auf.

Folgende Zusammenhänge sind erkennbar: *Historischer Hintergrund*
- Inszenierung der NS-Parteitage als Massenspektakel
- Rolle des „Führers" im Sinne der Führer-Gefolgschafts-Ideologie des Nationalsozialismus
- Verherrlichung Hitlers als gottgegebener „Führer" Deutschlands
- Hitler absolut dominierend im Bildvordergrund und fast das ganze Bild ausfüllend *Gestaltungsmittel*
- militärischer Charakter der Uniform und der Situation
- Imperatoren-Gestus
- Perspektive von unten auf den erhöhten Hitler
- zugeordnet die „Paladine", die Gefolgsleute Hitlers
- die angetretenen Partei-Massen als Hintergrund
- Gestaltungsschwäche im Sinne des wahrscheinlich geplanten Bild-Konzepts: Die lachenden NS-Gefolgsleute im Fonds des Wagens passen nicht zur stilisierten Ernsthaftigkeit der Fotografie; solche Fehler unterliefen der NS-Propaganda später unter der Führung von Goebbels nicht mehr.
- Verherrlichung und Überhöhung Hitlers als „Führer", dem die Massen untergeordnet sind *Aussageabsicht*
- Symbolisierung der Führer-Ideologie als Grundkonzept des Nationalsozialismus
- inszenierter Standpunkt der Nationalsozialisten zu Propaganda-Zwecken
- typisches Selbstbild Hitlers *Bewertung*
- Anfänge des Hitler-Kults
- organisierte und bewusste Propaganda als nationalsozialistische „Erfindung"; Einsatz der Fotografie als Propagandainstrument

Ikonen

Ikonen sind ursprünglich religiöse Gemälde von Christus oder Heiligen in der griechisch-orthodoxen Kirche, die in sehr reduzierter Form immer die gleichen, genau definierten Inhalte abbilden. Im Zusammenhang mit historischen Fotografien werden Bilder als „Ikonen" bezeichnet, die aufgrund ihrer häufigen Reproduktion und der besonderen Verwendung im Rahmen der Interessen einer Gruppe, einer Regierung usw. hohe Symbolkraft besitzen; Ikonen verlieren in der Wahrnehmung des Betrachters dadurch aber den Bezug zur historischen Situation, der sie entstammen; sie verlieren damit auch an Aussagekraft als historische Quelle für die konkrete Situation.

Ein Beispiel für eine Ikone ist das bekannte Porträt des argentinisch-kubanischen Revolutionärs Ernesto Che Guevarra, das im Rahmen der Studentenbewegung der 60er-Jahre zum Idealbild des Revolutionärs überhaupt wurde. Ein anderes ist das berühmte Bild eines Tschechen, der sich beim Einmarsch sowjetischer Truppen in Prag 1968 mit entblößter Brust vor einen Panzer stellte. Das Bild symbolisiert bis heute die Auflehnung des unbewaffneten Zivilisten gegen eine militärische Übermacht. Es besitzt inzwischen solche Verbreitung, dass man die gleiche Geste – vielleicht als bewusste oder unbewusste Nachahmung – in den verschiedensten Konflikten immer wieder beobachten kann.

Beispiel

Hitler und Hindenburg am „Tag von Potsdam" am 21. März 1933

Analysieren Sie das Foto nach der eingeübten Systematik!

Bearbeitungsmöglichkeit

Das Bild ist ein Pressefoto der Begegnung Hitlers und Hindenburgs am sog. „Tag von Potsdam", dem 21. März 1933.	Quellenherkunft
Es dokumentiert einen Aspekt des von den Nationalsozialisten inszenierten „Tages von Potsdam" anlässlich der Eröffnung des neu gewählten Reichstags: die Verbeugung Hitlers vor Hindenburg.	Thema
Erkennbare Inhalte sind: Hitler verbeugt sich vor Hindenburg; im Hintergrund ein Offizier; Hitler in Zivilkleidung als Reichskanzler; Hindenburg in Marschallsuniform des Ersten Weltkriegs.	Inhalte der Quelle
Die Nationalsozialisten inszenierten den „Tag von Potsdam", um symbolisch den Schulterschluss mit den Konservativen zu vollziehen und deren Zustimmung für das Ermächtigungsgesetz zu erhalten, das die NS-Diktatur ermöglichte. Hitlers Verbeugung vor Hindenburg ist ein Propagandaakt, mit dem er den verfassungsmäßig noch dominierenden Hindenburg und die Reichswehr – mit Erfolg – für sich gewinnen wollte. Hindenburg hatte Hitler lange als „böhmischen Gefreiten" abgelehnt. Der Uniform-Auftritt Hindenburgs, immerhin Präsident der Weimarer Republik, zeigt dessen wahre Grundhaltung: Er verstand sich nicht als Demokrat, sondern als Wahrer der monarchischen und antidemokratischen Traditionen. Der Aspekt verweist symbolisch auch auf die Rolle Hindenburgs als Wegbereiter der Nationalsozialisten in der Endphase der Weimarer Republik.	Historischer Hintergrund
Die Fotografie dokumentiert in dem Situationsausschnitt einen wichtigen Moment des Ereignisses „Tag von Potsdam". Der Fokus liegt auf den beiden Hauptpersonen und auf der Verbeugung Hitlers. Aufgrund des dokumentarischen Entstehungshintergrundes ist keine direkte Inszenierung und Gestaltung des Fotos erkennbar.	Gestaltungsmittel
Der Fotograf hat den entscheidenden Moment der Inszenierung „Tag von Potsdam" erfasst. Er hielt ihn entsprechend fest: Eine darüber hinaus gehende Aussageabsicht ist dem Fotografen nicht direkt zuzuschreiben.	Aussageabsicht
Das Bild dokumentiert symbolisch den entscheidenden Aspekt der „Machtergreifung" Hitlers und der Nationalsozialisten: Das Bündnis aus Konservativen und Nationalsozialisten zur Überwindung des demokratischen Systems von Weimar. Die Fotografie trifft diesen Aspekt so genau, dass sie von den Nationalsozialisten propagandistisch benutzt wurde. Die Geschichtswissenschaft verwendet die Fotografie häufig, weil sie den historischen Hintergrund perfekt vermittelt. Das Bild ist inzwischen so bekannt, dass es als „Ikone" bezeichnet werden kann: Die Fotografie steht über den konkreten Bildgehalt hinaus symbolisch für die Zusammenarbeit der national-konservativen politischen Rechten und Hindenburgs mit Hitler und damit für deren historische Mitschuld für die nationalsozialistischen Verbrechen.	Bewertung

Fälschungen und falsche Zuordnungen

Die besondere Authentizität der Fotografie ergibt sich aus ihrem Charakter als technisches Medium; damit verbunden ist jedoch auch ein Folgeproblem: Die Fotografie ist seit ihrer Entstehung manipulierbar gewesen, vor allem durch die besondere Art der Entwicklung des Materials und durch die „Retusche", das nachträgliche Verändern der Inhalte. Neuerdings bieten digitale Verfahren der Bildherstellung eine fast unbeschränkte Möglichkeit, Fotografien zu manipulieren oder sie sogar vollständig künstlich herzustellen.

Eine weitere „Fälschung" historischer Fotografien liegt dann vor, wenn diese bewusst in falsche Zusammenhänge gebracht werden, wenn z. B. eine Seite in einem kriegerischen Konflikt Bilder eigener Taten dem Kriegsgegner zuschreibt. Aufgrund der Manipulierbarkeit von Fotografien ist die sichere Nachvollziehbarkeit der Herkunft einer Fotografie und ihres authentischen Charakters für ihren Quellenwert entscheidend.

Fälschungen oder Retuschen sind für die analytische Betrachtung besonders interessant, da sich durch die Frage nach dem „Warum?" der Fälschung wichtige Erkenntnisse über den Fälscher und seine Absichten entdecken lassen.

In einer Prüfungssituation wird eine Fälschung als solche erkennbar sein, z. B. durch einen Bildvergleich oder eine Erläuterung. Die Fragen werden sich dann auf die Klärung der Fälschungsabsicht konzentrieren. Die Interpretation einer Fälschung stützt sich also auf den ersten Arbeitsschritt unseres Interpretations-Modells. Die Frage ist entscheidend: Wie authentisch ist die Bildquelle?

Beispiel

Der brennende Reichstag am Morgen des 28. 2. 1933

Die ursprüngliche Aufnahme der Bildquelle wurde durch die Nationalsozialisten gefälscht: Die Kuppel des Reichstagsgebäudes steht auf dem Bild noch in Flammen, obwohl der Brand laut Polizeibericht bereits um 0 Uhr 25 gelöscht war. Die Flammen und die starken Rauchwolken wurden in die Aufnahme hineinretuschiert.
Erklären Sie die möglichen Gründe für die Fälschung durch die Nationalsozialisten!

Bearbeitungsmöglichkeit

Herkunft, Thema und Inhalt der Quelle sind in der Vorgabe bereits geklärt. Die Frage zielt auf die Gestaltung der Fälschung ab, fragt nach den konkreten oder ideologischen Hintergründen der Fälschung und verlangt eine Einordnung in den historischen Hintergrund. Eine situationsexterne Bewertung der Bedeutung der Situation, aus der die Quelle stammt, bietet sich an.	Herkunft der Quelle Thema Inhalte der Quelle
Das Bild wirkt durch die Retusche dramatischer und unmittelbarer, die Wirkung auf den Betrachter wird dadurch verstärkt.	Gestaltung
Das Bild sollte das Bedrohungsszenario verstärken und Angst aufbauen. Für die Nationalsozialisten war das wichtig, weil man mithilfe des Reichstagsbrands Notverordnungen des Reichspräsidenten Hindenburg erreichen wollte. Diese „Reichstagsbrandverordnung" (Verordnung zum Schutz von Volk und Staat) wurde am nächsten Tag tatsächlich erlassen und setzte Grundrechte der Weimarer Verfassung zugunsten der Regierung außer Kraft.	Aussageabsicht
Die „Reichstagsbrandverordnung" war der erste wichtige Schritt in die nationalsozialistische Diktatur: Wichtige Grundrechte waren aufgegeben, der Reichstag aufgelöst und die Regierung unter Führung Hitlers und des nationalsozialistischen Innenministers Frick konnte gleichfalls in einem rechtsfreien Raum gegen ihre Gegner operieren, vor allem gegen Kommunisten und Sozialdemokraten.	Bewertung

Fotografien von historischen Gegenständen, Bauwerken, Denkmälern usw.

Ein Sonderfall der fotografischen Quellen sind Bilder von Gegenständen, Bauwerken, Statuen usw., die zur Darstellung dieser Sachverhalte gemacht wurden. In diesen Fällen verlagert sich der analytische Schwerpunkt auf die in der Fotografie gezeigten Quellen: Man interpretiert also das abgebildete Denkmal, Bauwerk oder den Gegenstand als historische Quelle, nicht aber die Fotografie im bisher gezeigten „engeren" Sinn.

Historische Bauwerke und Gegenstände können dabei als Ausdruck der Lebenssituation oder des Zeitgeschmacks einer bestimmten historischen Situation verstanden und so interpretiert werden.

Denkmäler geben als bewusste Tradition für die Nachwelt eine Deutung eines historischen Sachverhalts weiter. Ihr Quellenwert liegt deswegen auf dem historischen Bewusstsein der Zeit, in der das Denkmal entstanden ist. Interessant ist also die Frage nach der Bewertung eines Geschehens durch das Denkmal.

Beispiel
Bismarck Denkmal von Hugo Lederer (1906)

Interpretieren Sie des historischen Aussagewert dieses Denkmals!

Bearbeitungsmöglichkeit

Das abgebildete Bismarck-Denkmal von 1906 interpretiert aus der Sicht von Hugo Lederer die Person Bismarcks und damit die Reichsgründung von 1871 in einer bestimmten Weise:
Bismarck wird als „eiserner Kanzler" mit Schwert und Rüstung stilisiert, der machtvoll das Reich bewacht.

Quellenherkunft
Thema

Bewertungsthese

Die Gründung des Deutschen Reiches erscheint so als Ausgangspunkt eines militärisch starken Deutschland; alle anderen Aspekte des historischen Geschehens werden unterdrückt. *Historischer Zusammenhang*

Das Denkmal verrät durch seine Gestaltung mehr über das nationalistische und militaristische Denken der Entstehungszeit als über Bismarck und die Reichsgründung, an die es eigentlich erinnern soll! Das monumentale Standbild ist damit aber eine gute Quelle zum Selbstbild des Wilhelminismus in Deutschland! *Bewertung*

Auf den Punkt gebracht

Fotografien bilden die Wirklichkeit unmittelbar ab und bezeichnen einen genauen geschichtlichen Augenblick.

Man kann folgende Typen historischer Fotografien unterscheiden:
- **Dokumentarische Fotografien** versuchen, die Wirklichkeit möglichst unverfälscht abzubilden.
- **Inszenierte Fotografien** transportieren neben den Inhalten eine bewusste Absicht des Fotografen.
- **Ikonen** sind Bilder, die durch ihre Symbolkraft über die dargestellte Situation hinausreichen und allgemeine Bedeutung erlangt haben.
- **Fälschungen** unterschiedlicher Art zeigen die Absichten des Fälschers.
- **Fotografien von historischen Bauwerken oder anderen Quellen** sind vor allem wegen dieser Inhalte interessant.

Bei den folgenden Aufgabe sollen Sie sich selbstständig mit verschiedenen Fotografien auseinandersetzen und das eingeübte Analysemodell anwenden.

86 / Bildquellen

Aufgabe 19 Waisenhaus in der Findelgasse in Nürnberg (vor 1909)

Interpretieren Sie das Bild nach der eingeübten Systematik!

Aufgabe 20 Bau von Stromwendern im Nürnberger Siemens-Werk (1913)

Welche typischen Aspekte der Hochindustrialisierung im Deutschen Reich erkennen Sie in dieser Fotografie?

gabe 21 Berliner Schaufenster am 1. April 1933

Auf welchen historischen Zusammenhang verweist diese Fotografie?

Aufgabe 22 Willi Brandt im Warschau (1970)

Ordnen Sie das in der Fotografie dargestellte Ereignis historisch ein!

3.2 Zeichnungen und Gemälde

Bis zur Erfindung der Fotografie waren Zeichnungen und gemalte Bilder die einzige Möglichkeit, historisches Geschehen realistisch abzubilden: im neuzeitlichen Europa seit der Renaissance in Porträts, Schlachtengemälden und Alltagsdarstellungen. Deswegen sind solche Bildquellen für die Zeit bis 1900 häufig die einzigen visuellen Darstellungen (z. B. über die Ausrufung des Kaiserreichs in Versailles 1871). Aber auch bis heute besitzen Zeichnungen und Gemälde einen bedeutenden Stellenwert in der Darstellung von geschichtlichen Ereignissen, da sie in besonderer Weise die Perspektiven und Standpunkte der Bildproduzenten verwirklichen können. Besonders wichtig sind bis heute Bilder aus dem Bereich des Kunstsystems geblieben: Denn sie zeigen häufig aufgrund ihrer künstlerischen Subjektivität einen deutlicheren Blick auf die Wirklichkeit als die Fotografie oder als realistische Zeichnungen. Im Folgenden wird deshalb zwischen Bildern und Zeichnungen aus dem Kunstbereich und solchen aus anderen Medien unterschieden.

Bilder außerhalb des Kunstsystems
Darunter versteht man alle Bilder ohne besonderen Kunstanspruch, die eine bestimmte Wirklichkeit realistisch zeigen sollen. Solche Bilder sind
- einem bestimmten **Funktionszusammenhang** zugeordnet,
- aus dem sich die Art und Weise der **Gestaltung** ableitet
- und mit dem möglicherweise eine **Aussageabsicht** verbunden ist.

Ein Beispiel für eine solches Bild ist das Titelbild aus „Kolonie und Heimat", das am Beginn dieses Kapitels genau analysiert wurde.

Künstlerische Bilder
Ein eigener Typus von Bildquellen sind alle künstlerischen und kunsthandwerklichen Bilder, die im Rahmen des Kunstsystems entstanden sind. Dem Kunstsystem gehören Bilder – in der einfachsten Definition – normalerweise dann an, wenn sie nur für die Betrachtung, die Ausstellung und als Schmuck hergestellt wurden. Auf andere Zwecke verweisen z. B. die journalistische oder politische Verwendung eines Bildes, etwa als Plakat oder als Titelbild einer Zeitschrift. Auch solche Quellen können durch Künstler hergestellt werden, sie verlieren durch ihren Gebrauch aber ihren Charakter als eigenständiges Kunstwerk.

Die Unterscheidung zwischen nicht-künstlerischen und künstlerischen Bildern ist deshalb wichtig, weil sie für künstlerische Bilder eine weitgehende Unabhängigkeit des Blicks auf die Welt voraussetzt. Der Künstler orientiert sich im Normalfall an seinen eigenen Überzeugungen, und das verleiht solchen

Bildern einen besonderen Wert als historische Quelle. Das heißt natürlich nicht, dass künstlerische Bilder keinen verkürzten ideellen Standpunkt besitzen können: Im Gegenteil, sie sind natürlich immer Ausdruck der subjektiven Sehweisen des Künstlers. Diese Subjektivität und die damit verbundene fehlende Verwertbarkeit für andere Zwecke ist aber auch der Grund für die Unabhängigkeit des künstlerischen Blicks.

Künstlerische Bilder sind aufgrund ihres bewussten Herstellungsprozesses nicht dokumentarisch im Sinne einer Fotografie: Der Künstler dokumentiert nicht, sondern wählt aus seiner Realität aus. Allerdings ist der Grad des Realismus der Abbildung – bedingt durch die stilistische Bindung des Künstlers – sehr unterschiedlich: Naturalistische Gemälde etwa versuchen bewusst, Wirklichkeit präzise wiederzugeben, in romantischen Bildern erscheint bei genauerer Betrachtung immer die Idee des Künstlers hinter den Inhalten. Moderne Kunst verzichtet in vielen Fällen sogar auf eine erkennbare Gegenständlichkeit: Dann verlagert sich das interpretative Interesse des Historikers ganz auf die Darstellungsformen und auf die möglicherweise dahinter stehende Idee des Künstlers. Die allerdings kann durchaus als Aspekt einer geschichtlichen Situation Aussagekraft über die Entstehungszeit des Bildes haben.

Die interpretativen Schwerpunkte der Analyse eines künstlerischen Bildes ergeben sich aus dem Gesagten: Neben den erkennbaren **Inhalten einer historischen Situation** geraten vor allem die **Gestaltungselemente** und die **besondere Sichtweise des Künstlers** ins Blickfeld des Interpreten.

Interessant ist aber auch eine bewertende Einordnung des Standpunkts des Künstlers in den **gesellschaftlichen und kulturellen Zusammenhang seiner Zeit**. Dabei sind Informationen über den Künstler nützlich, die möglicherweise seine Motivwahl und Intention erhellen können.

Schwierigkeiten ergeben sich bei der Interpretation künstlerischer Quellen aus ihrem subjektiven und betont künstlerischen Charakter. Denn häufig
- sind eindeutige Zuordnungen der Bildinhalte nicht möglich oder spekulativ,
- ist die Gesamtkonzeption des Bildes unrealistisch und schwer einzuordnen,
- werden kunstgeschichtliche Kenntnisse benötigt, um den möglichen Aussagesinn zu verstehen.

Allerdings gibt es in diesem Zusammenhang auch eine gute Nachricht: Im Geschichtsunterricht und in Prüfungen werden gerade aufgrund der skizzierten Problematik nur solche künstlerische Quellen Verwendung finden, die historisch klar einzuordnen sind.

Beispiel

Ernst Ludwig Kirchner, Selbstbildnis als Soldat (1915)

Analysieren Sie das Bild nach der eingeübten Systematik!

Bearbeitungsvorschlag

Die Quelle ist ein Ölgemälde Ernst Ludwig Kirchners von 1915 mit dem Titel „Selbstbildnis als Soldat". *Quellenherkunft*

Thema des Bildes sind der Erste Weltkrieg und seine Folgen für den einzelnen Soldaten. *Thema*

Im Vordergrund steht ein deutscher Soldat, erkennbar an der Uniform und ihren Bestandteilen (Schulterabzeichen mit Regimentsbezeichnung, Knöpfe, Mütze). Im Mund hat er eine Zigarette, seine rechte Hand ist abgeschlagen. Hinter ihm steht eine nackte Frau. *Inhalte der Quelle*

Die gesamte Bildsituation bezieht sich auf den Ersten Weltkrieg und seine Folgen. Die Verstümmelung, in diesem Fall die der Hand, war eine alltägliche Kriegsfolge. Die Konstellation von Soldat, Zigarette und nackter Frau könnte auf eine typische „Etappensituation" bezogen sein, in der sich die Soldaten vorübergehend erholen durften. Die nackte Frau könnte dabei auf eine Bordellszene verweisen. Die Situation ist aber historisch unrealistisch, denn ein so stark verletzter Soldat befände sich eher in einem Lazarett oder wäre bereits aus der Armee entlassen worden. *Historischer Hintergrund*

Im Bildaufbau dominiert der verstümmelte Soldat den Bildausschnitt; seine Verletzung steht dabei demonstrativ im Vordergrund, die Darstellung als Soldat ist durch die Uniform offensichtlich. Den Rest des Bildraums nimmt die nackte Frau ein. Die weiteren Bildelemente sind nicht eindeutig zuzuordnen. *Gestaltungsmittel Bildaufbau*

Die Perspektive wird frontal auf die Verletzung, auf das Gesicht des Soldaten und auf die nackte Frau gelenkt; der Betrachter verknüpft diese Elemente in der Wahrnehmung sofort. *Perspektive*

Der Stil des Bildes ist expressionistisch, aber in der Gegenständlichkeit noch leicht nachvollziehbar. Expressionistisch bedeutet, dass der Maler seine subjektive Empfindung in allen Gestaltungsmitteln sichtbar macht und auf eine realistische Darstellung verzichtet. Die ungewöhnliche Bildkomposition, die subjektiv „verzerrte" Figurengestaltung und die expressive, stark persönliche Farbgebung verstärken die Aussage des Malers. *Stil*

Die Verstümmelung steht im Zentrum der Aussage: Das Bild erscheint als Angriff auf den Krieg und seine Folgen. Kirchner malt als „Selbstbildnis" aber keine reale Situation, er drückt, schockiert durch das Kriegserlebnis, seine Ängste aus: Der Verlust der rechten Hand symbolisiert die Angst vor Verstümmelung und der damit verbundenen persönlichen existentiellen Katastrophe. *Aussageabsicht*

Bei Kirchners Bild handelt es sich um eine subjektive Stellungnahme zum Krieg: In der Konzentration auf die Verstümmelung individualisiert er ein hunderttausendfaches Soldatenschicksal und bringt es dem Betrachter in sehr eindringlicher Form näher. Expressionistische Künstler haben ihre Kriegserlebnisse in vielen Gemälden, Zeichnungen und Texten ausgedrückt. Viele berühmte Künstler dieser Richtung wie Franz Marc und August Macke verloren im Ersten Weltkrieg ihr Leben. *Einordnung*

Auf den Punkt gebracht

Zeichnungen und Gemälde zeigen neben ihren Inhalten immer die künstlerische Absicht und die Perspektive des Produzenten.
- **Bilder außerhalb des Kunstsystems** sind normalerweise durch ihre Funktion zu deuten.
- **Künstlerische Bilder** besitzen einen betont subjektiven und dadurch unabhängigen Blick auf die Wirklichkeit.

Die interpretativen Schwerpunkte bei Zeichnungen und Gemälden liegen auf:
- der Beschreibung der erkennbaren Inhalte der abgebildeten historischen Situation
- der Erläuterung des historischen Hintergrunds dieser Inhalte
- den Gestaltungsmitteln des Bildes
- der subjektiven Perspektive des Künstlers auf die historische Situation

Aufgabe 23 Adolf Wissel, „Kalenberger Bauernfamilie" (nach 1933)

1. *Beschreiben Sie die Gestaltungsmittel und den Stil des Gemäldes!*
2. *Bestimmen Sie den ideologischen Hintergrund des Bildes und beantworten Sie die Frage: Wie passt das Bild zur nationalsozialistischen Ideologie?*

Aufgabe 24   George Grosz, „Stützen der Gesellschaft" (1926)

Bestimmen Sie die Aussageabsicht des Bildes und ordnen Sie es in den politischen Zusammenhang der Weimarer Republik ein!

3.3 Karikaturen

Karikaturen sind Zeichnungen, die als Aussagen zum Zeitgeschehen in Zeitungen, Zeitschriften, Flugblättern oder anderen Veröffentlichungen abgedruckt werden und einen großen Kreis von Betrachtern erreichen.

Karikaturen sind damit Bildquellen, die durch die Aussageabsicht des Karikaturisten geprägt werden. Der Karikaturist benutzt wenige Bestandteile einer historischen Situation und „überzeichnet" (karikiert) diese so, dass eine klare hintergründige Wahrheit sichtbar wird. Die Karikatur teilt also ganz bewusst und überdeutlich ihre Meinung über die Realität mit. Der Standpunkt des Karikaturisten lässt sich aus dieser Botschaft meist leicht erschließen. Normalerweise besitzen Karikaturen einen Titel, der auf die Aussageabsicht verweist und das Verständnis der Bildinhalte erleichtert.

Karikaturen eignen sich in der Beschränkung auf wesentliche Aspekte, durch die klaren Bezüge zur historischen Wirklichkeit und aufgrund der meist eindeutigen Aussageabsicht besonders gut für den Einsatz im Unterricht und in schriftlichen Prüfungen!

Schwerpunkte einer Interpretation sind
- die Entschlüsselung der Situationsbezüge,
- die Klärung der Aussageabsicht und
- die Einordnung der Quelle in den Zeitzusammenhang.

Das Problem beim Verständnis vieler Karikaturen ist es, die konkreten Zeitbezüge in der karikierten Form zu erkennen. Sie müssen also z. B. darauf kommen, welche Personen dargestellt sind, welches Symbol auf welchen Zusammenhang verweist usw. Geschichtliche Kenntnisse und die Übung mit ähnlichen Materialien sind bei der Entschlüsselung hilfreich.

Beispiel

Felix Mussil (Frankfurter Rundschau): „Es geht ein Bi-Ba-Butzemann in unserem Haus herum ..." (1972)

Analysieren Sie die Karikatur nach dem eingeübten Muster!

Bearbeitungsvorschlag

Die Karikatur entstammt der politisch links einzuordnenden überregionalen Tageszeitung „Frankfurter Rundschau". Der Titel zitiert ein bekanntes Kinderlied.	*Quellenherkunft und Titel*
Thema der Karikatur ist die Diskussion um Neuwahlen anlässlich des innenpolitischen Streits um die Ratifizierung der von der Regierung Brandt vereinbarten Ostverträge.	*Thema*
Die Karikatur stellt 1972 besonders wichtige Politiker dar: Links stehen der Bundeskanzler Willi Brandt (SPD; 1969–74) und der Außenminister Walter Scheel (FDP; 1969–74) zusammen, rechts ist der damalige CDU-Parteivorsitzende und Oppositionsführer Rainer Barzel zu erkennen. Dazwischen flattert ein Gespenst mit der Aufschrift „Neuwahlen".	*Inhalte der Quelle*
Brandt und Scheel stehen für die sozialliberale Regierungsmehrheit, die im Bundestag die sog. „Ostverträge" ratifizieren wollte. Die Ostverträge mit der Sowjetunion, Polen und der Tschechoslowakei bestätigten den territorialen Status quo in Europa nach 1945 und damit die deutschen Ostgrenzen. Die Opposition aus CDU und CSU lehnte diese Verträge als Verzicht auf ehemalige deutsche Reichsteile vehement ab.	*Historischer Hintergrund*

Das „Gespenst" der Neuwahlen kam nach dem Übertritt von Abgeordneten der Regierungsmehrheit zur Opposition auf, durch die die Regierung Brandt/Scheel die Mehrheit im Bundestag zu verlieren drohte. Neuwahlen waren eine Forderung der Opposition zur „Abstimmung des Volkes" über die Ostverträge.

Die Bildkomposition ist einfach, die Personen sind leicht erkennbar, die Karikatur stellt die politische Situation in sehr starker Vereinfachung dar.

Gestaltungsmittel

Die Karikatur ist eher beschreibend, eine eindeutige Position des Zeichners ist nicht erkennbar. Möglicherweise könnten das Gespenst und das Kinderlied in der Bildunterschrift auf die fehlende Qualität und die Aussichtslosigkeit der durch die Opposition angeregten Diskussion verweisen.

Standpunkt des Karikaturisten

Die Karikatur trifft eine wesentliche innenpolitische Debatte der frühen 70er-Jahre: die Diskussion um die Ostverträge und die Neuausrichtung der deutschen Außenpolitik im Zeichen der weltweiten „Entspannungspolitik". Interessant ist, dass die auf die sozialliberale Koalition folgende Regierung „Kohl" auf der Basis der Ostverträge weiter operierte, die CDU/CSU also spätestens dann ihre Ablehnung der Brandtschen Außenpolitik aufgab.

Bewertung und Einordnung

Auf den Punkt gebracht

Karikaturen sind einfache, inhaltlich zugespitzte Zeichnungen, die zu einer bestimmten historischen Situation Stellung beziehen.

Schwerpunkte einer Interpretation sind:
- die Entschlüsselung der Situationsbezüge
- die Klärung der Aussageabsicht
- die Einordnung der Quelle in den Zeitzusammenhang

Das Problem beim Verständnis vieler Karikaturen ist es, die konkreten Zeitbezüge in der karikierten Form zu erkennen. Relativ genaue Hintergrundkenntnisse sind dazu nötig!

Aufgabe 25 Hans Erich Köhler (Deutsche Zeitung und Wirtschaftszeitung):
„Und der Himmel hängt voller ..." (1949)

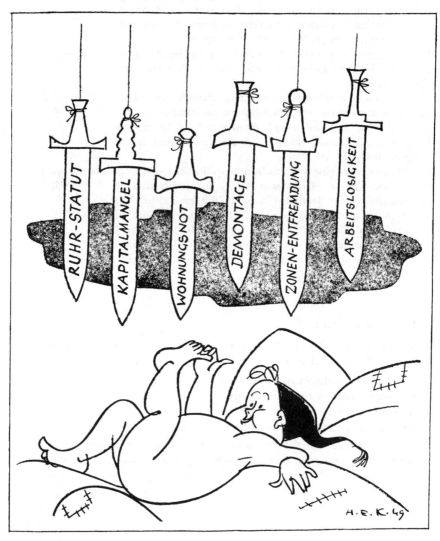

Interpretieren Sie die Karikatur nach dem erarbeiteten Modell möglichst vollständig!

Bildquellen 99

Aufgabe 26   David A. E. Low (Evening Standard): „Spineless Leaders of Democracy!" (1936)

1. Erarbeiten Sie die wesentlichen historischen Inhalte und die Aussageabsicht dieser britischen Karikatur aus dem Jahr 1936!
2. Beurteilen Sie: Gibt die Karikatur die geschichtliche Situation angemessen wieder?

3.4 Plakate

Plakate sind öffentliche Anschläge zur Information oder Werbung. Sie werden in den verschiedensten Bereichen benutzt und können unterschiedliche Gestaltungselemente aufweisen. Besonders aussagekräftig in historischen Zusammenhängen sind Wahlplakate politischer Parteien aller Zeiten!

Es gibt reine **Textplakate**, reine **Bildplakate** und **Mischformen**. Aufgrund ihres appellativen oder werbenden Charakters sind Plakate weniger dokumentarisch als andere Bildquellen, sie verraten dafür aber mehr über die Absichten, Positionen und Ideen des Produzenten bzw. des Verbreiters des Plakats.

Plakate sind im Geschichtsunterricht beliebte Quellen; bei Prüfungen sind sie wie Karikaturen gut einsetzbar! Die Analyse von Plakaten stützt sich aufgrund des spezifischen Quellencharakters vor allem:
- auf die Zuordnung wesentlicher Inhalte und deren historischer Hintergründe,
- auf die Gestaltungselemente, die bestimmte Aussagen vermitteln sollen,
- auf die Funktion des Plakates im jeweiligen historischen Zusammenhang
- und auf die ideellen Positionen des Plakatproduzenten. Diese sind im Normalfall, etwa bei Wahlplakaten, sehr leicht zu erschließen.

Für eine triftige Plakatanalyse ist es wichtig, die Zusammenhänge zwischen den inhaltlichen und gestalterischen Schwerpunkten eines Plakats und seiner Aussageabsicht deutlich herauszustellen. Dazu kommt als Besonderheit das Zusammenspiel von Bild- und Textelementen bei den meisten Plakaten; das ist bei der Analyse zu beachten. Am besten ist es, den meist sehr kurzen Textgehalt in die Beschreibung der Inhalte und der Aussageabsicht einzubinden; denn die ideelle Position des Plakates wird sich auch in den Textteilen genau zeigen.

Beispiel

Wahlplakat der CDU zur Landtagswahl in Schleswig-Holstein 1947

Analysieren Sie das Wahlplakat nach dem eingeübten Muster!

Bearbeitungsvorschlag

Die Quelle ist ein Wahlplakat der – damals kurz zuvor neu gegründeten – politischen Partei CDU zu den ersten Landtagswahlen in Schleswig-Holstein 1947. Das Plakat besteht aus einem gezeichneten Schwarz-weiß-Bild, das das gesamte Plakat ausfüllt, und einem (im Original zweifarbigen) Wahlslogan in lateinischer Schrift; die Schrift ist auf das Bild am oberen und am unteren Rand gedruckt. Im Original rot sind die Worte „Neuen" und „CDU". *Quellenherkunft*

Thema des Plakats ist die Situation in Schleswig-Holstein bzw. in Deutschland in der unmittelbaren Nachkriegszeit (1947). *Thema*

Das Plakat zeigt eine (Personen-)Gruppe ärmlich und heimatlos wirkender Menschen, die in einem kleinen Boot vom Meer kommend auf eine am Horizont sichtbare Stadt zusegeln. Hinter der Stadt geht strahlend die Sonne auf. Der Wahlslogan heißt passend zum Bild: „Neuen Ufern zu mit der CDU". Das Plakat spielt auf folgende Aspekte der unmittelbaren Nachkriegszeit an: *Inhalte der Quelle*

Die ärmlich wirkende Gruppe verweist auf Verelendung und Not im Nachkriegsdeutschland. Eine deutliche Verbindung besteht zu dem in der Nachkriegszeit besonders bedeutsamen Flüchtlingsproblem: Fast 20 Millionen Deutsche verloren durch Flucht und Vertreibung Heimat und Besitz in den ehemaligen deutschen Ostgebieten und in den Staaten Ost- und Mitteleuropas und mussten sich eine neue Existenz aufbauen. *Historischer Hintergrund*

Die Hoffnung auf ein besseres Leben und auf die Überwindung der Misere Deutschlands spiegelt sich im „neuen Ufer" mit den dort erkennbaren Türmen einer Stadt.

Die Metapher „neue Ufer" ist vor dem Hintergrund des Nationalsozialismus sehr aussagekräftig: Das Bild bezieht sich auf die Überwindung der Notlage und der Folgen des Nationalsozialismus.

Die Gesamtanlage des Bildes ist erkennbar auf den Ort der Landtagswahlen bezogen; im Küstenland Schleswig-Holstein ist die dargestellte Situation leicht verständlich und naheliegend.

Im Zentrum des Bildes befindet sich das Flüchtlingsboot, das sich auf das Ufer und die aufgehende Sonne zubewegt. Die dahinter stehende Absicht verknüpft die Fahrt zum „rettenden Ufer", zur Hoffnung, mit der politischen Partei, die gewählt werden soll. *Gestaltungsmittel*
Bildaufbau

Das „rettende Boot" ist eine gängige Metapher, die hier als Symbol für die Rettung Schleswig-Holsteins durch die CDU gebraucht wird. Das weiße Segel könnte als Symbol auf die in der Nachkriegszeit wichtigen Werte „Friede" und „Unschuld" anspielen; die Angesprochenen könnten damit als am Nationalsozialismus und seinen Folgen unschuldig bezeichnet werden. Die aufgehende Sonne symbolisiert traditionell Hoffnung und eine bessere Zukunft. Das ganze Bild ist eine Allegorie, ein einfacher Bildzusammenhang, der eine komplexe Situation – hier die behauptete Rolle der CDU im Nachkriegs-Schleswig-Holstein – bildlich zusammenfasst. *Metapher*
Symbol

Allegorie

Der ideelle Kern der Allegorie ist die Verknüpfung der Partei mit den Werten „Friede", „Hoffnung" und „Rettung".

Der Betrachter – 1947 mit hoher Wahrscheinlichkeit in der gleichen schlechten Lage wie die meisten Deutschen – bewegt sich gleichfalls mit dem Boot auf das Ufer zu; der mögliche Wähler wird damit durch die Perspektive in die Bewegung der Geretteten einbezogen. Das fordert unterschwellig den Betrachter dazu auf, die Hoffnung auf Rettung mit der CDU zu verbinden und darum diese Partei zu wählen. *Perspektive*

Die spärliche Farbgebung könnte sich durch die eingeschränkten Ressourcen (Papier, Farbe, Technik) bei der Herstellung der Plakate erklären. Das Schwarzweiß des Bildes spiegelt aber auch passend und den Eindruck verstärkend die Notsituation der Nachkriegszeit wider. Interessant ist die Farbgebung im Slogan: Das Rot für „Neuen" und „CDU" lenkt die besondere Aufmerksamkeit des Betrachters erstens auf die Partei, die gewählt werden soll; zweitens betont die in Rot gehaltene Kombination von „neu" und „CDU" auch den Neuanfang, den diese Partei darstellen will. *Farbgebung*

Das Plakat verknüpft stilistisch realistische Elemente der Zeitsituation mit einer deutlichen Aussageabsicht, was bei einem politischen Wahlplakat nicht verwundert. Es ist dabei insgesamt als sehr zurückhaltend anzusehen; aufdringliche Gestaltungselemente oder Überzeichnungen fehlen ganz. Der Sachverhalt könnte sich dadurch erklären, dass die Gestalter sich vom Propaganda-Stil der Nationalsozialisten absetzen wollten und mussten. Die zurückhaltende Aufmachung entsprach auch der Stimmung der meisten Menschen im Nachkriegsdeutschland. *Stil*

Das Plakat ist als Wahlplakat bewusst „ideologisch" und appellativ; es arbeitet mit unterschwellig wirkenden Emotionen und künstlerisch ansprechenden Mitteln: Es drückt letztlich aus, dass „mit der CDU" eine bessere Zukunft zu erreichen sei und fordert die Wähler deswegen auf, dieser Partei ihre Stimme zu geben. Besonders angesprochen werden die Identität der Schleswig-Holsteiner als Küstenbewohner und die Flüchtlinge und Vertriebenen, die einen relativ hohen Prozentsatz der Wähler stellten. *Aussageabsicht*

Das Plakat ist in der Beschränkung auf die wesentliche Situation, durch das treffende Zeitkolorit und aufgrund der optimistischen Grundaussage gut gemacht. Der Slogan trifft genau die Absicht, zur Wahl der CDU zu aufzurufen. Allerdings verrät es nichts über die konkreten Absichten und das politische Programm der Partei; wahrscheinlich wäre das in der extremen Situation der Nachkriegszeit und bei der „Politikmüdigkeit" der Bevölkerung auch kaum wirksam gewesen. *Bewertung der Bildqualität*

Die Quelle ist aufgrund des deutlich sichtbaren Zeithintergrundes als Quelle für die Situation und für die Bewusstseinslagen der unmittelbaren Nachkriegszeit interessant; über die politischen Ziele der jungen CDU ergibt sich daraus jedoch wenig. *Historische Einordnung*

Auf den Punkt gebracht

Plakate sind öffentliche Anschläge zur Information oder Werbung. Es gibt reine Textplakate, reine Bildplakate und Mischformen. Das Zusammenspiel von Bild- und Textelementen ist bei der Analyse zu beachten!

Die Analyse von Plakaten sollte sich vor allem auf folgende Aspekte stützen:
- Zuordnung der wesentlichen Inhalte zu deren historischen Hintergründen
- Erläutern der Gestaltungselemente, durch die bestimmte Aussagen vermittelt werden sollen
- Klären der Funktion des Plakates im jeweiligen historischen Zusammenhang
- Bestimmen der ideellen Position des Plakatproduzenten

Aufgabe 27 Plakat des Zentrums anlässlich der Wahl zur Nationalversammlung am 18. 1. 1919

Analysieren Sie Inhalt, Gestaltung und Aussage des Plakats und ordnen Sie es in den historischen Zusammenhang ein!

Aufgabe 28 Plakat der SPD zur Reichstagswahl am 14. 9. 1930

Das Wahlplakat der SPD entstand zu den Reichstagswahlen im September 1930. Im März 1930 war die SPD-geführte Regierung Müller gestürzt worden. Der Zentrumspolitiker Heinrich Brüning wurde Reichskanzler und stützte sich auf einen „Bürgerblock" aus Zentrum, Deutscher Volkspartei, Bayerischer Volkspartei und Deutschnationaler Volkspartei.

1. *Beschreiben Sie die Inhalte des Plakats und ordnen Sie die Symbole historisch ein!*
2. *Analysieren sie die Gestaltung des Plakats und leiten Sie davon die Aussageabsicht ab!*
3. *Ordnen Sie die wesentlichen Aspekte der Quelle in die innenpolitische Entwicklung der Weimarer Republik um 1930 ein!*

3.5 Postkarten, Briefmarken, Geldscheine, Münzen

Bilder unterschiedlicher Art (Zeichnungen, Karikaturen, Fotografien) werden auch als Motive in **Gebrauchs- und Kommunikationsmedien** wie Postkarten, Geldscheinen und Briefmarken benutzt. Solche Bildquellen lassen sich wie die zugrunde liegende Bildform interpretieren. Dazu sollte bei der Analyse allerdings die **Funktion des Mediums** ausdrücklich berücksichtigt werden, von dem das Bild benutzt wird. Fragen Sie also danach, welcher Zusammenhang zwischen der Funktion der Briefmarke, der Postkarte usw. und dem Bildgehalt besteht!

Das Bild eines Staatsoberhaupts auf einer Briefmarke z. B. dient der staatlichen Institution „Post" dazu, die Staatlichkeit eines Landes durch das Symbol des Staatsoberhaupts zu verdeutlichen; ein zweiter Aspekt könnte die Ehrung der Person sein. Ähnlich verhält es sich bei Porträts verdienter Politiker auf Münzen: Die Abbildung ehemaliger Politiker wie Adenauer, Brandt, Heuss oder Strauß verdeutlicht dem Benutzer die demokratische Identität und die staatliche Kontinuität der Bundesrepublik Deutschland.

Im folgenden Beispiel einer **Feldpostkarte** aus dem Ersten Weltkrieg ist nicht sofort erkennbar, warum das – für den heutigen Betrachter fast unscheinbar wirkende – Bild als Postkartenmotiv ausgewählt wurde. Entsprechend schiebt sich die Frage nach dem „Warum?" der Verwendung als Postkarte in den Vordergrund des analytischen Interesses. Auch bei diesem Beispiel ist der Charakter des Verbreitungsmediums der Schlüssel zum Verständnis der Quelle.

Beispiel

Deutsche Feldpostkarte aus dem Ersten Weltkrieg (1916)

Analysieren Sie die Postkarte nach dem eingeübten Muster!

Bearbeitungsvorschlag

Die Quelle ist eine Fotografie, die als sog. „Feldpostkarte" für den Gebrauch der Frontsoldaten hergestellt wurde. Sie gibt in der Bildbeschriftung den Ort und das Jahr der Aufnahme an und ist authentisch.	*Quellenherkunft*
Vor dem zerstörten französischen Dorf St. Laurent posiert 1916 ein deutscher Soldat	*Inhalt*
• Erster Weltkrieg: Stellungskrieg und Materialschlachten an der Westfront; Industrialisierung des Krieges durch die neue Waffentechnik • Erfolge der deutschen Kriegsführung an der Westfront im Sommer 1916: Scheitern alliierter Durchbruchsversuche an der Somme, deutsche Anfangserfolge bei Verdun	*Historischer Hintergrund*
• dokumentarische Schwarz-weiß-Fotografie • Konzentration auf den zerstörten Gebäudeteil • Soldat zum Größenvergleich im Vordergrund	*Gestaltungsmittel*
• Dokument der Eroberung des Dorfes für die Sieger • als Postkarte Bestätigung und Beweis der deutschen Kriegserfolge für die Heimat; mit dem Ziel der Stärkung der Kampfbereitschaft nach zwei Kriegsjahren mit zunehmenden Erschöpfungserscheinungen • möglicherweise Faszination für die Auswirkungen der neuen Kriegstechnik wie der stärkeren Artillerie	*Aussage*
Die Quelle zeigt neben der Dokumentation eines sehr kleinen Ausschnitts aus dem Ablauf und der Wirklichkeit des Ersten Weltkriegs vor allem zwei interessante Aspekte: Sie steht für das Bewusstsein der Frontsoldaten und ihren professionellen Blick auf die eigene Kriegswirklichkeit; entsprechend wenig propagandistisch wirkt die Fotografie. Die Postkarte als Medium diente darüber hinaus dennoch als Propagandamittel zur Dokumentation des Kriegserfolgs; doch auch dabei fällt – im Vergleich mit den gewohnten Propagandamitteln – die dokumentarische Kühle und Emotionslosigkeit des Motivs auf.	*Bewertung*

Auf den Punkt gebracht

Bilder unterschiedlicher Art (Zeichnungen, Karikaturen, Fotografien) werden auch als häufige Motive in Gebrauchs- und Kommunikationsmedien wie Postkarten, Geldscheinen, Briefmarken und Münzen benutzt.

- Solche Bildquellen lassen sich wie die zugrunde liegende Bildform interpretieren.
- Dazu sollte bei der Analyse allerdings **die Funktion des Mediums** ausdrücklich berücksichtigt werden, von dem das Bild benutzt wird!

Aufgabe 29 Schmucktelegramm der deutschen Post zum Reichsparteitag in Nürnberg 1933

1. Schätzen Sie kurz den ideellen Gehalt des Bildes ein, indem Sie die Bedeutung der wichtigsten Symbole erläutern!
2. Welche Aussagen über die innenpolitische Situation in Deutschland lässt der Blick auf das Medium der Bildquelle zu?

Aufgabe 30 Briefmarke der Deutschen Bundespost zum 40-jährigen Bestehen der Bundesrepublik Deutschland (1989)

1. Bestimmen Sie aus der Bildquelle die wesentlichen Inhalte und deren Symbolgehalt! Leiten Sie daraus die Aussageabsicht ab!
2. Bewerten Sie kurz die Gestaltung der Briefmarke! Erklären Sie diese Gestaltung im Blick auf das Medium der Quelle!

Aufgabe 31 Briefmarke der Deutschen Bundespost zum 50. Jahrestag der Luftbrücke (1999)

Erläutern Sie den Bildgehalt und die Aussageabsicht der Briefmarke!

3.6 Bildkombinationen

Die Kombination von Bildquellen findet sich bei Karikaturen und Zeichnungen, aber auch in vielen historischen Darstellungen. Gängige Typen der Bildkombination sind:
- die **Bildgeschichte** in Zeichnungen und Karikaturen
- der **Bildvergleich**
- die **Anspielung** auf ein bekanntes Bild

Bei der Bearbeitung dieser **Bildreihen** lassen sich die Bilder wie ihre Grundform (Fotografie, Gemälde, Zeichnung, Karikatur, Plakat) beschreiben; dazu kommt die besondere Funktion der Bildkombination. Sie kann in die inhaltliche Analyse aufgenommen und bei der Aussageabsicht besonders berücksichtigt werden.

Bildreihen zeigen im Normalfall eine Entwicklung auf oder sie vergleichen zwei Aspekte einer Situation. Dementsprechend sollten Sie Ihre Darstellung im ersten Fall nach den wesentlichen Aspekten der erzählten Geschichte gliedern, im zweiten die einzelnen Bilder für sich beschreiben und dann im Vergleich deuten.

Anspielungen sind Motive, die sich auf bekannte andere Motive so direkt beziehen, dass ihre Bedeutung nur in Kenntnis und im Vergleich mit dem bekannten Bild erschließbar ist. Bei einer Interpretation muss die Bezugsquelle genannt und explizit in die Erklärung der Aussageabsicht eingebunden werden. Deswegen ist auch die „Anspielung" als Bildreihe zu bezeichnen. Die Schwierigkeit bei der Interpretation einer Anspielung besteht darin, das Bezugsmotiv zu erkennen. Das würde man Ihnen in einer Prüfungssituation aber wahrscheinlich durch den Abdruck der Quelle erleichtern, auf die angespielt wird.

Beispiel

Ferdinand von Reznicek, „Die Macht der Gewohnheit" (Simplicissimus) 1904

Analysieren Sie die Bildquelle nach dem eingeübten Muster!

Bearbeitungsvorschlag

Die Karikatur von Ferdinand von Reznicek, eine Bildgeschichte, ist einer Ausgabe der satirischen Wochenschrift „Simplicissimus" aus dem Jahr 1904 entnommen. Die von Albert Langen seit 1896 herausgegebene Zeitschrift hatte eine Reihe namhafter Autoren und Künstler in ihren Reihen und entwickelte sich – bis zum Beginn des Ersten Weltkriegs – zu einer der wichtigsten gesellschaftskritischen Publikationen im Zeitalter des Wilhelminismus.   *Quellenherkunft*

Ein deutscher Kolonialist, erkennbar an der typischen Kolonialkleidung, vergnügt sich in Afrika mit seiner schwarzen Freundin. Die Nacktheit der Frau ist erotisches Symbol, die Peitsche steht für die Herrenrolle des Kolonialisten.   *Inhalte* / *Ablauf der Bildgeschichte*

Nach der Heimkehr ist der Mann offensichtlich mit der Situation unzufrieden; er ändert sie, indem er seine weiße Frau schwarz bemalt und sie damit mit seiner schwarzen Geliebten gleichsetzt. Die neue Situation gibt ihm erotischen Reiz und die Gewalt über die Frau wie in der Anfangssituation. Wichtig ist als Symbol auch hier die Peitsche.

- Deutsche Kolonialgeschichte 1884–1918   *Hintergrund*
- Ankauf bzw. Eroberung, Siedlung und gewaltsame Durchdringung der Kolonien in Afrika
- Mentalität der Kolonialisten: Rassismus, Sozialdarwinismus
- Das Frauen-Problem in den Kolonien: Aufgrund des Mangels an weißen Frauen waren Konkubinate und sogar sog. „Mischehen" mit schwarzen Frauen üblich. Beides galt erst nach 1907 als verpönt; „Mischehen" wurden dann sogar verboten. Vergewaltigungen und Eifersuchts-Dramen wegen schwarzer Geliebter waren häufiges Thema von sog. Kolonial-Skandalen. Gewalt war eine übliche Umgangsform weißer Kolonialisten gegenüber schwarzen Frauen.

Die gesellschaftskritische Karikatur greift zwei für den Zeichner offensichtlich typische Haltungen der deutschen Kolonialisten an, die Behandlung von Frauen und die Einstellung gegenüber schwarzen Menschen: *Aussageabsicht*

- Eindeutig ist die Kritik am Rassismus des Mannes: Er behandelt als „Herrenmensch" Schwarze mit der Peitsche; erst als er die eigene Frau zur Schwarzen macht, kann er mit ihr in gleicher Weise umgehen.
- Sichtbar ist auch der Angriff auf den männlichen Chauvinismus der Kolonialisten: Frauen werden als Untergebene betrachtet, die dem eigenen sexuellen oder sadistischen Lustgewinn dienen.

Die Karikatur ist kolonialkritisch, stellt damit aber nur eine Minderheitenposition in der wilhelminischen Gesellschaft dar. Die Kolonien waren als Prestigeobjekt des aufstrebenden Deutschen Reiches unumstritten und wurden nur von der Sozialdemokratie und kritischen Intellektuellen hinterfragt.   *Bewertung*

Auf den Punkt gebracht

Die **Kombination von Bildquellen** findet sich bei Karikaturen und Zeichnungen.

Typen der Bildkombination sind:
- die Bildgeschichte in Zeichnungen und Karikaturen
- der Bildvergleich
- die Anspielung auf ein bekanntes Bild

Bildreihen zeigen im Normalfall:
- eine Entwicklung innerhalb einer Situation
- einen Vergleich zweier Aspekte einer Situation

Sie sollten Ihre Darstellung
- im ersten Fall nach den wesentlichen Aspekten der erzählten Geschichte gliedern,
- im zweiten die Elemente der Kombination einzeln klären und dann im Vergleich deuten.

Aufgabe 32 Ernst Ludwig Kirchner, Selbstbildnis als Soldat (1915) und Adolf Wissel, „Kalenberger Bauernfamilie" (nach 1933)

Abbildung siehe S. 91

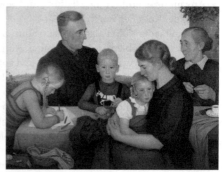

Abbildung siehe S. 93

Vergleichen Sie die Gestaltung und das Menschenbild der beiden Gemälde!

gabe 33 Gutbürgerliche Kaffeetafel (1912) und Arbeiterwohnküche (1925)

1. Beschreiben Sie aus den Fotografien die wesentlichen Elemente der Lebenssituation der dargestellten sozialen Schichten!
2. Erschließen Sie im Vergleich das in den Fotografien sichtbare Selbstbewusstsein der dargestellten Personengruppen!
3. Was sagt der Bildvergleich über die Schichtung der deutschen Gesellschaft vor 1933 aus?

Aufgabe 34   Kölner Stadtanzeiger: „Der Lotse geht an Bord" (1969)

Interpretieren Sie den Inhalt und die Aussageabsicht der Bildquelle und klären Sie dabei deren Motivtradition!

Aufgabe 35 Oskar Theuer, Karikatur zur „Dolchstoßlegende" (vor 1930)

Ein Dolchstoß, der eine Legende ist

Ein Dolchstoß, der keine Legende ist

Erschließen Sie im Blick auf ihren geschichtlichen Hintergrund die Aussageabsicht dieser Karikatur!

Statistiken, Diagramme und Karten

Statistiken und Diagramme sind eine „Mischform" aus Quellen und Deutung. Sie stützen sich als Datensammlungen auf sicheres Material der historischen Situation, ihre Anordnung und die Auswahl der Datenklassen brauchen aber einen deutenden Hintergrund. Das heißt: Der die Statistik erstellende Forscher greift durch Auswahl und Zusammenstellung der Daten einen bestimmten Ausschnitt aus der Situation heraus und bringt so einen bestimmten Blickwinkel auf die historische Situation mit ein.

Statistiken und Diagramme werden vor allem bei sozial- und wirtschaftsgeschichtlichen Themen eingesetzt. In der politischen Geschichte sind **Wahlergebnisse, Wählerbewegungen** und -schichtungen und **Parteiengrößen** typische Ausgangspunkte einer Aufgabenstellung, die eine Statistik oder ein Diagramm enthält.

1 Statistiken und Diagramme

Statistiken fassen viele einzelne Daten einer Situation zusammen, um daraus repräsentative Aussagen zu den **grundsätzlichen Strukturen** und **Prozessen** einer bestimmten Situation zu ermöglichen. Jede Statistik benutzt, um dieses Ziel zu erreichen, einen eigenen methodischen Weg: Sie legt danach die Koordinaten ihres Untersuchungsbereichs fest, beschränkt sich also auf eine definierte Perspektive auf die Situation. Bei der Auswertung einer Statistik wird dieser Aspekt wichtig: Denn zu beachten ist immer, dass eine Statistik von ihrer Untersuchungsperspektive abhängig ist! Sie zeigt immer nur einen Ausschnitt der Situation!

Das zuletzt Genannte bedeutet für Sie: Gehen Sie vorsichtig mit Statistiken um! Überprüfen Sie immer, was eine Statistik aussagen kann und was nicht!

Zu beachten ist auch, mit welchem mathematischen System Statistiken operieren. Möglich sind **absolute Werte, Prozentangaben** oder die Orientierung an einem **Index**, der alle Daten an einer Bezugsgröße ausrichtet, der zum Beispiel der Wert 100 zugesprochen wird. Absolute Angaben haben dabei den Vorteil größerer Präzision, benötigen aber etwas Geschick beim vergleichenden Rechnen. Prozentangaben und Indexwerte sind übersichtlicher, können aber eine Situation leichter verfälschen. Achten Sie bei solchen Angaben auf die Systematik der Statistik! Klären Sie genau die Bezugsgrößen!

In einer Prüfung wird der Umgang mit einer Statistik immer dadurch erleichtert sein, dass Sie Kenntnisse über die Situation besitzen, die die Statistik darstellt. Sie brauchen also „nur" die Inhalte der Statistik auf eine historische Situation zu beziehen; das erspart Ihnen im Normalfall die Überprüfung der grundlegenden Qualität einer Statistik. Allerdings kann es auch in einer Prüfungssituation nicht schaden, die Reichweite einer Statistik im Rahmen der Antwort kurz zu skizzieren. Sie beweisen dadurch analytisches Vermögen und den Überblick über den bearbeiteten Themenbereich.

Diagramme sind grafische Veranschaulichungen von Statistiken. Sie setzen Daten so um, dass der dargestellte Sachverhalt besonders deutlich sichtbar wird. Diagramme können sehr **einfache Schaubilder** sein, aber auch in einer **komplexen Anordnung** die **Daten und Koordinaten** der zugrunde liegenden Statistik miteinbeziehen.

Diagramme sind grundsätzlich gleich wie Statistiken zu behandeln. Aufgrund der Visualisierung der wesentlichen Aspekte sind sie leicht zu verstehen, da sie die Signifikanzen gleichfalls „im Voraus" klären.

In ihrer Eindeutigkeit besitzen die Diagramme aber auch einen problematischen Aspekt: Sie sind nicht so exakt wie Statistiken und verführen in manchen Fällen zu einer Übernahme der **im Diagramm enthaltenen Deutung** einer Situation.

1.1 Aufbau einer systematischen Analyse

Im Folgenden wird – wie bei den vorhergehenden Methoden – eine systematische Vorgehensweise zur Bearbeitung von Statistiken und Diagrammen entwickelt, mit der Sie in der Lage sind, der Anforderungen in einer Schulaufgabe oder im Abitur gerecht zu werden.

Erster Analyseschritt: Wie geht die Statistik methodisch vor?

Erläutern Sie zuerst die Untersuchungsmethode einer Statistik: Beschreiben Sie dazu, was das **Thema** der Statistik oder des Diagramms ist und welche **Datengruppen**, die an der Definition der Koordinaten sichtbar werden, gewählt wurden.

Zweiter Analyseschritt: Welche Besonderheiten weist die Statistik auf?
Markieren Sie als Erstes die **wesentlichen Auffälligkeiten** (Signifikanzen)! Diese können in den verschiedensten Konstellationen der Statistik zu erkennen sein; sie werden aber immer an Veränderungen in den Zahlen sichtbar. Halten Sie also alle signifikanten Sprünge in irgendeine Richtung fest!

Dritter Analyseschritt: Wie sind die Besonderheiten zu erklären?
Wie bei allen anderen Materialien besteht auch bei Statistiken die wesentliche Leistung darin, die **erkannten Trends auf ihre Hintergründe** zu beziehen. Sie können dabei die **konkreten Ursachen** einer statistischen Auffälligkeit und **allgemeinen Ursachen** eines Phänomens unterscheiden.

Bei den allgemeinen Ursachen lassen sich bewertende und beurteilende Aussagen miteinbeziehen, die eine Situation, ausgehend vom statistischen Material, deuten.

In der schriftlichen Ausführung der Antwort sollten Sie die statistischen Signifikanzen jeweils auf die konkreten Hintergründe beziehen und abschließend eine zusammenfassende Bewertung der Statistik formulieren. Hüten Sie sich aber davor, eine Statistik zu überinterpretieren, d. h. bleiben Sie bei der Erläuterung der allgemeinen Hintergründe stets im Kontext, den die Statistik absteckt!

Vierter Analyseschritt: Wie treffend ist die Statistik für die historische Situation?
Der Letzte Analyseschritt ist bei Prüfungsaufgaben nicht unbedingt notwendig. Allerdings bietet es sich bei problematischen Statistiken an, eine Bewertung ihrer Aussagekraft einzubauen. Problematisch sind Statistiken zum Beispiel dann,
- wenn sie sich auf eine geringe Datenzahl stützen,
- sich auf einen zu kleinen Zeitraum beziehen,
- zu weit oder zu eng in die Situation hineinreichen, also mit zu wenigen Daten einen zu großen Ausschnitt der historischen Situation bewältigen wollen, oder einen zu kleinen Ausschnitt wählen, um daraus allgemeine Aussagen zu entwickeln,
- natürlich dann, wenn die Herkunft des Materials zweifelhaft ist.

Beispiel

Flüchtlinge aus der DDR

Jahr	Flüchtlinge (in Tausend)	Verteilung auf Altersgruppen (Anteile in %)	
		18 bis unter 45 Jahren	65 Jahre und älter
1952	182	--	--
1953	331	--	--
1954	184	--	--
1955	253	--	--
1956	279	--	--
1957	262	52,7	4,9
1958	204	47,9	6,2
1959	144	47,5	9,4
1960	199	49,1	7,1
1961	207	50,5	7,3
1962	21	47,3	25,8
Insgesamt	2 266		

Bearbeitungsmöglichkeit

Die Statistik behandelt die Flüchtlingsströme aus der ehemaligen DDR in die Bundesrepublik in absoluten Zahlen. Sie stellt für den Zeitraum zwischen 1952 und 1962 in Ein-Jahres-Schritten erstens dar, wie viele Flüchtlinge insgesamt nach Westdeutschland kamen, und zweitens für die Zeit von 1957 bis 1962, wie diese auf die Altersgruppen „18 bis unter 45 Jahren" und „65 Jahre und älter" verteilt waren.

Erster Analyseschritt: Wie geht die Statistik methodisch vor?

Wie die unten stehende grafische Aufbereitung der Statistik aus unserem Beispiel zeigt, entwickelt sich die absolute Zahl der Flüchtlinge nicht stetig. Sie bewegt sich „normalerweise" zwischen 144 000 und 207 000.

Zweiter Analyseschritt: Welche Besonderheiten weist die Statistik auf?

Besonders signifikant sind die Zahlen für zwei Jahre: dem Jahr 1953 mit der besonders hohen Zahl von 31 000 Flüchtlingen und dem Jahr 1962 mit dem abrupten Rückgang auf 21 000.
Gleich blieb in den Jahren von 1957 bis 1962 der Anteil der Bevölkerungsgruppe zwischen 18 und 45 Jahren. 1962 allerdings erhöhte sich der „Rentneranteil" (65 Jahre und älter) signifikant von 7,3 auf 25,8 %.

Jahr	Flüchtlinge (in Tausend)	Verteilung auf Altersgruppen (Anteile in %)	
		18 bis unter 45 Jahren	65 Jahre und älter
1952	182	--	--
1953	331	--	--
1954	184	--	--
1955	253	--	--
1956	279	--	--
1957	262	52,7	4,9
1958	204	47,9	6,2
1959	144	47,5	9,4
1960	199	49,1	7,1
1961	207	50,5	7,3
1962	21	47,3	25,8
Insgesamt	2 266		

Bis 1961 zeigt die Statistik eine jährlich insgesamt hohe Zahl an Flüchtlingen mit einem sehr hohen Anteil der besonders leistungsfähigen Altersgruppe von 18 bis 45 Jahren; der Fakt ist ein wesentliches Element der Entwicklung der DDR bis 1961.
Der sprunghafte Anstieg von 1953 erklärt sich als Reaktion vieler DDR-Bürgerinnen und -Bürger auf die harte Niederschlagung des Aufstands vom 17. Juni 1953; der Rückgang von 1962 ist die Folge des „Mauerbaus" in Berlin und der zunehmenden Befestigung der innerdeutschen Grenze, Maßnahmen, die ja gerade die Eindämmung der Flüchtlingszahlen erreichen wollten.
Die hohe Zahl der erwerbsfähigen Flüchtlinge erklärt sich daraus, dass diese Altersgruppe, vor allem aufgrund der zunehmend guten Beschäftigungschancen in Westdeutschland („Wirtschaftswunder"), am ehesten das Risiko der Flucht, sogar nach 1961, und des Neubeginns in Kauf nahm. Der höhere Rentneranteil nach 1961 ist darauf zurückzuführen, dass die DDR-Führung nur für Ruheständler auch nach dem Mauerbau legitime Möglichkeiten des Staatenwechsels offen ließ.
Die Statistik zeigt eine wesentliche Problematik der DDR-Gesellschaft und bei der DDR-Führung in ihrer ersten Phase: die Abwanderung einer großen Zahl wirtschaftlich aktiver Bürgerinnen und Bürger. Die wesentlichen Ursachen waren:
- die langsamere und weit weniger intensive wirtschaftliche Erholung der DDR nach dem Zweiten Weltkrieg, die viele Menschen die besseren Chancen im Westen suchen ließ sowie
- die politische und wirtschaftliche Entmündigung und Repres-

Dritter Analyseschritt: Wie sind die Besonderheiten zu erklären?
a) Konkrete Hintergründe der statistischen Besonderheiten

b) Weitergehende historische Hintergründe

sion vieler DDR-Bürger durch das sozialistische Regime, was nach dem 17. Juni 1953 einen Höhepunkt erreichte und auch noch nach dem Bau der Mauer viele die „Republikflucht" riskieren ließ.
Die Statistik erklärt aus der Sicht der Bevölkerungsentwicklung, warum die DDR-Führung sich dazu entschloss, sich durch eine fast undurchdringliche Grenze vom Westen abzuschotten. Die große Zahl der Flüchtlinge, vor allem der im erwerbsfähigen Alter, gefährdete den wirtschaftlichen Aufbau und stellte einen ständigen Legitimations- und Ansehensverlust für die DDR dar.

Die Statistik unseres Beispiels besitzt eine hohe Aussagekraft; sie erfasst alle Flüchtlinge aus der DDR und ordnet sie chronologisch mit ausreichender Genauigkeit ein. Die Unterscheidung nach Altersgruppen ist sinnvoll gewählt und in der Aufteilung nach Altersgruppen aussagekräftig und differenziert.

Vierter Analyseschritt: Wie treffend ist die Statistik für die historische Situation? Bewertung

1.2 Fragestellungen zu Statistiken und Diagrammen

Wie bei allen Aufgabenstellungen in schriftlichen Prüfungen ist auch bei Statistiken das Verstehen der Fragestellung die erste Hürde. Diese müsste aber gerade in diesem Bereich leicht zu überwinden sein, denn die Daten sprechen immer für sich; Statistiken sind aufgrund ihres Charakters interpretativ nicht so vielfältig angelegt wie etwa Text- oder Bildquellen. Bei der Aufgabenstellung ist aber zu beachten, dass Zusatzfragen unter Umständen besondere Schwerpunkte setzen und unterschiedliche Zugänge zum historischen Hintergrund verlangen.

Am folgenden Beispiel soll noch einmal die Analyse einer Fragstellung demonstriert werden. Die Fragen beziehen sich auf die oben zitierte Statistik zu den Flüchtlingen aus der DDR.

- *Ermitteln Sie anhand der beigefügten Statistik grundlegende Tendenzen in der Entwicklung und der Altersverteilung der Flüchtlingsbewegung aus der DDR!*

- *Zeigen Sie Ursachen für die Entwicklung der Flüchtlingszahlen auf und suchen Sie Erklärungen für die Verteilung der Flüchtlinge auf die angegebenen Altersgruppen!*

Charakter der Fragestellung: Die Aufgabenstellung ist unproblematisch: Die erste Frage bezieht sich genau auf den ersten und zweiten Bereich unseres Analysemodells. Den Kern der Frage bilden die in der Statistik sichtbaren signifikanten Trends. Die zweite Frage verlangt die konkrete und die weiterführende Erklärung der Trends, so wie es der oben erläuterte dritte Bereich vorbereitet hat.

Statistiken, Diagramme und Karten ⧫ 123

Beispiel

Daten zum deutschen Kolonialreich

Flächenverteilung zwischen dem Deutschen Reich und seinen Kolonien

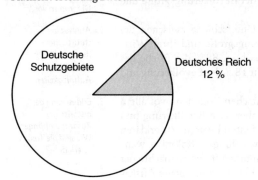

Bevölkerungsverteilung zwischen dem Deutschen Reich und seinen Kolonien

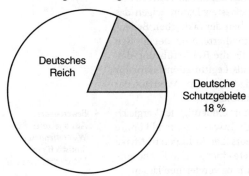

Vergleich der Wirtschaftsleistung zwischen dem Deutschen Reich und seinen Kolonien

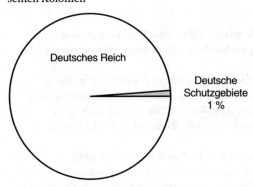

Analysieren Sie die Diagramme nach dem eingeübten Muster!

Bearbeitungsmöglichkeit

Die drei Diagramme vergleichen in Prozentangaben nach unterschiedlichen Aspekten das Deutsche Reich mit seinen Kolonien im Jahr 1914: nach der Fläche, nach der Bevölkerungsgröße und nach der Wirtschaftsleistung

Im Vergleich fallen die gewaltigen Unterschiede zwischen der Fläche der Kolonien, ihrer Bevölkerungsgröße und ihrer Wirtschaftsleistung auf: Die Kolonien machten 88 % der Fläche des gesamten Reichs aus, besaßen aber nur 18 % der Bevölkerung und 1 % der Wirtschaftsleistung.

Die Diagramme zeigen, dass die deutschen Kolonien – vor allem in Afrika – flächenmäßig sehr groß, aber nach Bevölkerung und Wirtschaftskraft für das Reich unbedeutend waren. Zu erklären ist das durch die industrielle Nichtentwicklung der Kolonien, während das Mutterland zu einer der führenden Industriemächte der Welt zählte. Dazu kommt die geringe Bevölkerungsdichte Afrikas um diese Zeit im Vergleich zu Europa, das im 19. Jahrhundert mit der Industrialisierung ein großes Bevölkerungswachstum erlebte. Die in den Diagrammen zusammengefassten Daten zeigen das grundsätzliche Ungleichgewicht zwischen der faktischen Bedeutung der Kolonien, die gegen Null tendierte, und der großen innen- und außenpolitischen Rolle, die die Reichsführung den deutschen „Schutzgebieten" beimaß: als Legitimationsfaktor für die expansive Machtpolitik, als Prestigeobjekt im „Wettlauf der Nationen" um den besten „Platz an der Sonne".

Die faktische Grundlage der Diagramme ist eindeutig, der Vergleich deswegen einfach und unproblematisch. Etwas täuschend könnte der Flächenvergleich sein, da bei den deutschen Kolonien in Afrika unbewohnbare Wüsten und Waldgebiete einer großen Fläche enthalten sind, die sich kaum mit Mitteleuropa vergleichen lassen.

1. Definieren des Untersuchungsrepertoires: Wie geht das Diagramm vor?

2. Analyse der statistischen Besonderheiten
a) wesentliche Auffälligkeiten

3. Erläuterung der historischen Zusammenhänge: Wie sind die Trends zu erklären?

4. Bewerten der Aussagekraft: Wie treffend ist die Statistik für die historische Situation?

Auf den Punkt gebracht

Statistiken und Diagramme fassen viele einzelne Daten einer Situation zusammen, um daraus repräsentative Aussagen zu den grundsätzlichen Strukturen und Prozessen einer bestimmten Situation zu ermöglichen.

Statistiken benutzen nur Daten und überlassen die eigentliche Auswertung dem Leser, Diagramme bereiten Daten grafisch auf und verweisen so bereits auf eine mögliche Deutung. Folgende Aspekte sind bei der Analyse von Statistiken und Diagrammen wichtig:
- Definieren des Untersuchungsrepertoires: Wie geht die Statistik bzw. das Diagramm methodisch vor?
- Analyse der statistischen Besonderheiten: Welche Trends zeigt die Statistik?
- Erläutern der historischen Zusammenhänge: Wie sind die Trends zu erklären?
- Bewerten der Aussagekraft: Wie treffend ist die Statistik für die historische Situation?

Aufgabe 36 Einnahmen und Ausgaben des Deutschen Reichs in seinen Kolonien

Jahr	Eigene Einnahmen Millionen	Ausgaben Millionen
1896	3,2	13,5
1897	3,6	8,0
1898	4,7	9,2
1899	5,9	14,6
1900	6,7	17,2
1901	7,5	28,9
1902	8,9	26,3
1903	9,7	29,6
1904	12,7	133,8
1905	13,4	196,6
1906	16,5	161,0
1907	21,7	167,4
1908	22,4	215,0
1909	35,3	89,5
1910	35,1	93,3
1911	38,8	104,4

Analysieren Sie die vorliegende Statistik nach dem eingeübten Muster!

Aufgabe 37 Soziale Struktur der Neumitglieder der NSDAP im Vergleich zur Gesamtgesellschaft in %

Schicht bzw. Berufsgruppe	1919–1923	1925–1929	1930–1932	Gesamtgesellschaft 1933
Unterschicht insgesamt davon: ungelernte Arbeiter Facharbeiter	34,7 13,5 21,2	38,7 17,4 21,3	35,9 15,4 20,5	54,5 37,2 17,3
Mittelschicht	52,5	54,3	54,9	42,7
Oberschicht insgesamt	12,8	7,0	9,2	2,8

Nach: Manstein, Peter: Die Mitglieder und Wähler der NSDAP 1919–1933. Untersuchungen zu ihrer schichtmäßigen Zusammensetzung. Frankfurt am Main u. a. 1990, S. 138

Werten Sie die Statistik aus und beurteilen Sie davon ausgehend, auf welcher gesellschaftlichen Basis der Nationalsozialismus in der Weimarer Republik stand!

Aufgabe 38 Deutsche Auswanderung nach Übersee zwischen 1820 und 1914

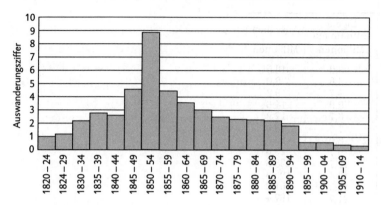

Werten Sie das Schaubild nach dem eingeübten Muster aus!

Aufgabe 39 Wirtschaftsinvestitionen in Deutschland zwischen 1851 und 1909

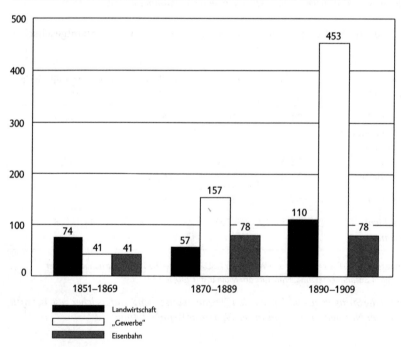

Analysieren Sie die im Schaubild erfassten Investitionen! Vergleichen Sie dabei die Entwicklung der Investitionen in den drei dargestellten Wirtschaftsbereichen und ordnen Sie die Ergebnisse Phasen wirtschaftlicher Entwicklung in Deutschland zu!

2 Karten

Karten sind ein wichtiges Hilfsmittel des Geschichtsunterrichts, in Prüfungen werden Sie aber selten direkt eingesetzt. Allerdings erlauben einige Bundesländer die Benutzung von Geschichtsatlanten in ihren Abiturprüfungen. Dies kann vor allem bei außenpolitischen Themen eine wertvolle Hilfe sein, da die jeweiligen Karten oft wesentliche Fakten einer Situation enthalten.

Man kann zwei Formen von Karten unterscheiden, die selten eingesetzte, aber im eigentlichen Wortsinn „historische Karte", und die **wissenschaftliche Karte**.

Die **historische Karte** im eigentlichen Wortsinn ist eine Karte aus einer vergangenen Zeit. Darin wird der Zustand, manchmal auch das Weltbild dieser Situation deutlich. Denken Sie etwa an die Weltkarten der frühen Neuzeit! Diese spiegeln in ihrem Gehalt das relativ geringe geografische Wissen der frühen Entdecker und in ihren Illustrationen die Vorurteile und Ängste der damaligen Menschen wider. Historische Karten sind deshalb Quellen und sollten bei einer Bearbeitung als solche behandelt werden.

Wissenschaftliche Karten bereiten das heutige Wissen über eine Situation mit ihren spezifischen Mitteln auf. Der gezeigte Umfang, die inhaltlichen Schwerpunkte und die grafische Gestaltung wissenschaftlicher Karten können dabei sehr verschieden sein.

Was zeigen Karten?
- Geschichtswissenschaftliche Karten zeigen immer die **geopolitische Struktur** einer Situation; dazu gehört etwa die Aufteilung einer Region in einzelne Staaten, Stammesbereiche usw.
- Häufig beinhalten Karten auch eine **chronologische Komponente**; sie stellen die politische Entwicklung einer Region dar, z. B. die Verschiebung von Grenzen, den Gewinn oder Verlust von Landesteilen. Diese Karten operieren dann verstärkt mit faktischen Ergänzungen und mehreren, etwa durch Farben markierten Zeitebenen, die die Chronologie des Ablaufs klären.
- Viele Karten enthalten **Detailinformationen zur historischen Situation**, die sie abbilden: zum Beispiel Namen, Daten von Schlachten, Entdeckungen oder andere Ereignisse.

Bei der Auswertung einer Karte können je nach Fragestellung oder Thematik alle diese Informationen wichtig sein. Das folgende Beispiel demonstriert die systematische Auswertung einer wissenschaftlichen Karte.

Beispiel

Der Balkan

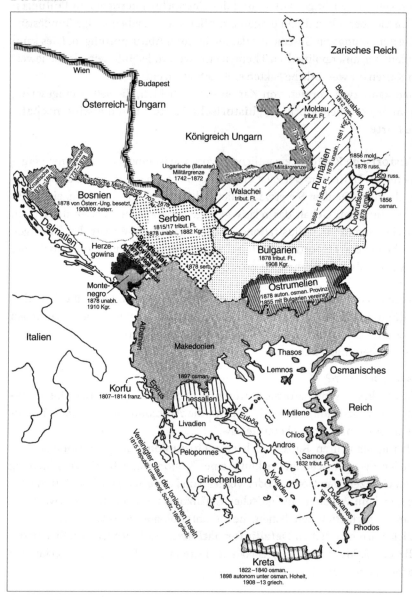

Was zeigt die Karte?

Aus: Wolfgang J. Mommsen: Großmachtstellung und Weltpolitik. Die Außenpolitik des Deutschen Reiches 1870–1914. Frankfurt, Berlin: Ullstein 1993, S. 80

Bearbeitungsvorschlag

Die Karte zeigt den Balkan von Ungarn bis Griechenland.	1. Geografische Dimension
Sie enthält, durch Schraffuren und Datierungen kenntlich gemacht und bezogen auf einzelne Staaten, unterschiedliche Zeitebenen von 1815 bis 1913.	2. Historisch-chronologische Dimension
Die Karte zeigt die Entwicklung der Staaten auf dem Balkan zwischen 1815 und 1913. Sichtbar werden dabei die Veränderungen der internationalen Situation in dieser Region und die jeweiligen Beziehungen der Staaten untereinander.	3. Historisch-politische Dimension
Die Karte zeigt an der komplizierten Entwicklung der einzelnen Staaten auf dem Balkan dessen Vielfalt und Instabilität. Die Rolle des Balkans als Krisenherd wird dadurch deutlich.	4. Deutungszusammenhang

Auf den Punkt gebracht

Unterscheiden Sie „historische" und „wissenschaftliche" Karten:
- **Historische Karten** sind Quellen für das geopolitische Bewusstsein in einer bestimmten Situation.
- **Wissenschaftliche Karten** zeigen den Stand des aktuellen Wissens; sie funktionieren deshalb als Deutungen.

Achten Sie bei der Auswertung wissenschaftlicher Karten auf die folgenden Aspekte:
- die **geografische** Dimension der Karte: Welcher Raum wird bezeichnet?
- die **chronologische** Dimension: Welcher Zeitraum wird abgedeckt?
- die **politische** Dimension: Welche historischen Entwicklungen oder Strukturen werden sichtbar?
- die eigentliche Auswertung in einem thematischen Zusammenhang: Welche grundlegenden Aussagen zur betreffenden Situation sind nach der Karte möglich?

Lösungen

fgabe 1 1949/1951: Europarat *Integration der Bundes-*
1949/1955: NATO: Nordatlantisches Verteidigungsbündnis *republik in den Westen*
Westeuropas mit den USA und Kanada
1951: Montanunion (gemeinsame Politik bei Kohle, Eisen, Stahl;
internationale Kontrolle der westdeutschen Schwerindustrie)
1954: WEU: Westeuropäische Union
1957: EURATOM und EWG: Europäische Wirtschaftsgemeinschaft mit Frankreich, Italien und den Benelux-Staaten
1949/1950: COMECON: Rat für gegenseitige Wirtschaftshilfe *Integration der DDR*
1949/1956: Warschauer Pakt der Ostblockstaaten mit der SU *in den Ostblock*

fgabe 2 Die deutsche Außenpolitik war in der Zeit des Ost-West-Gegensatzes von 1949–1989 immer von der internationalen Lage, vor allem vom Verhältnis der Sowjetunion zu den USA abhängig. *Ausgangsthese*

Abgrenzung und Nichtanerkennung der DDR; „Alleinvertretungsanspruch" für Deutschland als Ganzes; seit 1955 „Hallstein-Doktrin": Abbruch der diplomatischen Beziehungen zu allen Staaten, die die DDR anerkennen; keine bilateralen Beziehungen *Die vier Phasen der Deutschlandpolitik und ihr internationaler Bezug 1949–1966*

Innerhalb des Ost-West-Gegensatzes und des „Kalten Krieges" „Containment"- und „Roll-Back"-Politik der USA; offensive Außenpolitik zur Abgrenzung vom Osten; militärisches Eingreifen in Stellvertreterkriegen in Korea, Vietnam und in afrikanischen Konflikten; Kuba-Krise 1961 als Beispiel der großen Kriegsgefahr *Internationaler Zusammenhang*

Ab 1966 Annäherung in der Deutschlandpolitik seit der „Großen Koalition" mit dem SPD-Außenminister Willi Brandt *1966–1982*
Seit 1969 Sozialliberale Koalition und „Neue Ostpolitik": Abkehr von der „Hallstein-Doktrin"; Umsetzung von Egon Bahrs Konzept „Wandel durch Annäherung"; Formel von den „Zwei Staaten in Deutschland", aber einer Nation
1973 Grundlagenvertrag mit der DDR und Anerkennung der Eigenstaatlichkeit der DDR

Entspannungspolitik seit der Kuba-Krise; „Friedliche Koexistenz" der beiden Machtblöcke; Abrüstungsvereinbarungen *Internationaler Zusammenhang*

CDU/CSU-FDP-Koalition: Weiterführung der Annäherungspolitik; 1989–1990 schnelle Wiedervereinigung der beiden deutschen Staaten; 1990 Endpunkt 2+4-Vertrag mit der Entstehung eines vereinigten, souveränen deutschen Staates *1982–1989*

Konfliktsituation seit der Besetzung Afghanistans durch die SU und neuer Rüstungswettlauf bei Mittelstreckenraketen; Politikwechsel in der Sowjetunion und deren Zusammenbruch; Auflösung des Warschauer Paktes und Ende des Ost-West-Gegensatzes *Internationaler Zusammenhang*

132 / Lösungen

Aufgabe 3 Allgemeine, freie, geheime Wahlen zum Reichstag, in denen die Parteien die entscheidenden Wahlvorschläge machen, Mitwirkung des Reichstags bei der Gesetzgebung, Budgetrecht des Reichstags Kontrolle des Reichstags durch Bundesrat und Kaiser (Recht der Auflösung des Reichstags), Ausschluss von der Regierungsbildung (allein der Kaiser ernennt die Regierung), Fehlende Verantwortlichkeit der Regierung vor dem Parlament, Außenpolitisch ohne jedes Mitspracherecht, Dominanz des starken Kanzlers Bismarck, der die Parteigruppen gegeneinander ausspielte — *Einflussmöglichkeiten der Parteien nach der Verfassung von 1871 / Aspekte der Parteienschwäche*

Es gab Einflussmöglichkeiten, vor allem beim Haushaltsrecht, auf die die Regierung Rücksicht nehmen musste und über die auch Bismarck Zugeständnisse abzuringen waren („Kulturkampf"), aber: Im konstitutionellen System der Reichsverfassung mit seinem Gegensatz zwischen demokratisch legitimiertem Reichstag und der Exekutivmacht des Erbkaisertums lag das Gewicht der Macht eindeutig beim Kaiser und der von ihm abhängigen Regierung. — *Urteil*

Aufgabe 4 Die Aufgabe hat die Entwicklung der Weimarer Republik von 1924–1933 zum Thema. Die Position Hitlers in der Quelle ist ein konkretes Detail dieser historischen Situation. Der Aufgabenschwerpunkt liegt auf der Präsidialverfassung Weimars. — *Erster Arbeitsschritt: Thema und historische Situation*

- Die **erste Frage** bezieht sich auf die **Chronologie** des Zeitraums 1924–1930: Es sollen die wesentlichen geschichtlichen Ereignisse in dieser Zeit in Deutschland beschrieben werden. Die Frage dient als Grundlage der Quellenanalyse, deren historischen Hintergrund sie sichert. — *Zweiter Arbeitsschritt: Verstehen der Fragestellung*
- Die **zweite Frage** ist die eigentliche **Textarbeit**: Sie erwartet, dass der Text nach dem Gesichtspunkt „grundsätzliche Auffassungen Hitlers" untersucht und in einer Darstellung nach diesem Kriterium strukturiert wird. Die Antwort beschreibt also aus dem Text die darin genannten Positionen Hitlers mit eigenen Worten.
- In der **dritten Frage** wird ein Zitat aus dem Text verwendet, das als These verstanden werden muss: Diese Bewertung Hitlers soll mit der historischen Realität verglichen *(„Überprüfen Sie!")* werden. Verlangt wird also ein **Urteil zur Stimmigkeit der Textposition**, das eine möglichst abgewogene Begründung enthalten sollte.
- Die **vierte Frage** bezieht sich wie die erste auf den **Situationshintergrund** der Quelle. Sie zielt im ersten Teil auf die Verfassungsstruktur: Die wesentlichen Aspekte der verfassungsmäßigen Stellung des Reichspräsidenten sollen genannt werden. Der zweite Teil verlangt die **Chronologie** der Handlungsweisen Hindenburgs zwischen 1930 und 1933.
- Die **fünfte Frage** ist nur am Rand an den Text angebunden. Es geht um die Erläuterung zweier **historischer Beispiele** für die Ausschaltung politischer Gegner durch die Nationalsozialisten bis zum Sommer 1934. Thesenhaft sollen daraus zwei

typische Vorgehensweisen (z. B. Propaganda, Gleichschaltung, Verfolgung, Terror) herausgearbeitet werden.
Hitler als Autor der Quelle verrät sofort die politische Position der Textquelle: Sie muss zwangsläufig antidemokratisch und der Republik gegenüber feindlich und ablehnend eingestellt sein.

Dritter Arbeitsschritt: Verdeutlichen des Quellenstandpunkts

- Chronologie der Weimarer Republik von 1924–30 in der ersten Frage; **chronologischer Abriss** des Verhaltens Hindenburgs in der vierten, Detailkenntnisse zur Situation 1933–34 in der fünften Frage.
- Kenntnisse zur innenpolitischen **Struktur** der Weimarer Republik in der dritten Frage. Überblick über die Struktur der nationalsozialistischen Machtübernahme nach 1933 in der fünften, **Verfassungsstruktur** der Weimarer Verfassung in der vierten Frage.

Vierter Arbeitsschritt: Sichern der Situationszusammenhänge

Vorarbeit: Schema zur Analyse der Fragestellung	
Textarbeit	*Situationskenntnis*
Frage 1	• Entwicklung der Weimarer Republik 1924–1930
Frage 2 • Auffassungen Hitlers über die Demokratie	
Frage 3 • Verstehen einer Hitler-These	• innenpolitische Struktur der Weimarer Republik
Frage 4	• Stellung des Reichspräsidenten in der Weimarer Verfassung • Chronologie des politischen Handelns Hindenburgs 1930–1933
Frage 5	• Situationsdetails zur „Machtergreifung" 1933 und 1934 • Struktur der „Machtergreifung" der Nationalsozialisten 1933–34

Fünfter Arbeitsschritt: Bewertung der Qualität der Aufgabe

Das Schema zeigt, dass die Fragestellung ihren Schwerpunkt auf chronologisches Wissen und Strukturwissen legt und eine umfangreiche Darlegung solcher Elemente verlangt; die Textarbeit hat ein deutlich geringeres Gewicht. Eine Bearbeitung der Aufgabe wird bei einem guten Hintergrundwissen (und nur dann!) zu empfehlen sein. Die Textquelle ist trotz ihrer komplizierten sprachlichen Gestaltung aufgrund ihrer Herkunft problemlos einzuordnen und zu bearbeiten; die textbezogenen Fragestellungen sind einfach zu verstehen.

Aufgabe 5 Die Quelle ist eine „Denkschrift" des „Führers" der NSDAP, Hitler, vom Mai 1929. Eine Denkschrift ist die begründete Darstellung einer Meinung, einer politischen Position oder eines Programms. Aufgrund des Autors ist zu erwarten, dass die Quelle eine rechtsradikale, nationalsozialistische ideologische Perspektive enthält.
Erarbeiten Sie aus dem Text die grundsätzliche Auffassung Hitlers über die Demokratie! Die Textfrage (Frage 2) verlangt, den Text danach zu untersuchen, welche Positionen Hitler zur Demokratie als politischem System einnimmt. Daraus soll zusammenfassend eine Bewertung zu Hitlers Haltung entwickelt werden.

Erster Arbeitsschritt:
Verdeutlichen der Quellenposition

Zweiter Arbeitsschritt:
Definition des Erwartungshorizontes

Dritter Arbeitsschritt:
Strukturierung

Ob die Weimarer Verfassung im einzelnen die Macht den Ministern gibt oder dem Reichskanzler, dem Reichspräsidenten oder dem Parlament, kommt am Ende immer ⁵wieder auf dasselbe hinaus. Denn alle diese Faktoren sind miteinander verwandte Erscheinungen unserer „westlichen" Demokratie. Sie wurzeln in einem vermeintlichen „Volkswillen", dessen Charakteristikum ¹⁰aber in der Tatsache liegt, dass er den inneren wirklichen Willen des Volkes nicht im geringsten repräsentiert. Die parlamentarischen Majoritäten des Reichstags sowohl als der Reichspräsident, die Reichsmi-¹⁵nister und der Reichskanzler sind eben nicht Erwählte des „Volkswillens", vielmehr Gewählte der öffentlichen Meinung. Diese öffentliche Meinung kann aber niemals mit dem Volkswillen an sich identifiziert wer-²⁰den. Sie ist nur der Ausdruck der mangelhaften politischen Einsicht sowie des beschränkten politischen und ökonomischen Verständnisses der Masse. Diese mangelnde Einsicht der Masse wird in der Demokra-²⁵tie von den Fabrikanten der öffentlichen Meinung in geschicktester Art und Weise berücksichtigt und verwendet, um mithilfe der Presse und des Einwirkens ähnlicher Faktoren eine Meinung zu verbreiten, die, ³⁰je öffentlicher sie auftritt, um so weniger dem wirklichen inneren Volkswillen entspricht. Solange aber dieser künstlich erzeugten und durch die Presse geleiteten öffentlichen Meinung und dem treibenden ³⁵Kapital dahinter nicht eine politische Kraft gegenübersteht, die von diesen Faktoren unabhängig ist und nur den natürlichen inneren Willen des Volkes repräsentiert, werden Versuche, auf dem Wege von Ma-⁴⁰joritätsentscheidungen Änderungen in einer Verfassung durchzuführen, immer belanglos bleiben. [...]

In Deutschland zeigt sich das Bild der Demokratie in einer so erbärmlichen Weise, ⁴⁵dass es unverständlich ist, von ihr zu erwarten, dass sie selbst auf eine Stelle mit größtem Wirkungsvermögen Männer starker Energie setzen wird, außer sie ist sich der Tätigkeitsrichtung derselben von vor-⁵⁰neherein vollständig sicher, das heißt: die Repräsentanten werden im Sinne und im Wesen der Demokratie die Volkszersetzung weiter fortführen.
Ein Mann aber, der von der Vorsehung ⁵⁵– und an diese ist auch hier zu glauben – zum Führer bestimmt ist, wird sich ohnehin sein Handeln niemals durch die lächerlichen Kompetenz-Grenzen einer Verfassung vorschreiben oder beengen lassen, ⁶⁰wenn das Handeln nach der Verfassung zum Ruin seines Volkes führen muss. Sollte aber ein im öffentlichen Leben stehender politischer Führer von anderen, also dritter Stelle aus zur „Diktatur" ausersehen sein ⁶⁵und nun die Erfüllung dieses Wunsches von der Erweiterung der verfassungsmäßig festgesetzten Rechte abhängig machen, dann soll man den nur gleich zum Teufel jagen und sich nicht von solch einem ⁷⁰Schwächling blenden lassen; denn der beweist damit klar und eindeutig, dass ihm die höhere, ihn selbst zwingende Befähigung für diese Mission vollkommen fehlt. Niemals wird ein nicht zum höchsten be-⁷⁵rufener Mann, nur durch eine von anderer Seite vorgenommene Erleichterung seines Weges, zu höchsten Entschlüssen und Taten kommen. Denn die letzte Kraft wächst ja gerade im Kampf mit den Widerständen, ⁸⁰und die größten, entscheidenden Handlungen, die geniale Köpfe dieser Erde ausführten, waren nicht wenig bedingt durch die meist notwendige Vernichtung gegnerischer Kräfte und deren Einrichtungen.

Randnotizen (links):
— Demokratie repräsentiert den inneren Volkswillen nicht!
— Manipulation der öffentlichen Meinung durch die Medien

Randnotizen (rechts):
— innerhalb der Verfassung sind nur Schwächlinge Führer!
— Führer-Bild Hitlers: „Kampf" und „Vernichtung" der Gegner!

Die Antwort könnte zweigeteilt sein: Sie sollen erstens die unterschiedlichen Positionen aufzählend herausarbeiten und zweitens in einer abschließenden These Hitlers Standpunkt zusammenfassend bewerten:

Vierter Arbeitsschritt: Gliedern der Antwort

Aufzählung der einzelnen Positionen
-
-
-

→ Zusammenfassende Bewertung der Grundhaltung

Die einzelnen Positionen Hitlers zur Demokratie sind:
- Der in den demokratischen Institutionen formulierte „Volkswillen" entspreche nicht dem „inneren wirklichen Willen des Volkes", sondern nur einer „öffentlichen Meinung".
- Die Mehrheit des Volkes sei manipuliert und ohne grundlegende politische Einsicht; Mehrheitsentscheidungen legitimierten deshalb politische Herrschaft nicht.
- Das demokratische System könne keine starken Führer hervorbringen, da die Bindung an eine Verfassung nur „Schwächlinge" erzeuge.

Struktur der Antwort: Gegliederte Darstellung

Hitlers folgende Grundhaltung wird sichtbar:
- Hitlers Ideal ist der „Führerstaat", in dem der Willen des einzelnen genialen Mannes dominiert; er dürfte und werde sich nicht durch Beschränkungen aufhalten lassen. Sein Prinzip ist die Überwindung von Widerständen und die Vernichtung der Gegner.

Aufgabe 6 Thema der Quelle ist die nationalsozialistische Politik gegen die Deutschen jüdischen Glaubens oder Abstammung. Die historische Situation ist „Deutschland unter dem nationalsozialistischen Regime im Jahr 1935". Die Quelle ist ein Gesetz des Deutschen Reiches mit verbindlicher Gültigkeit für alle deutschen Bürger.

1. Thema, historische Situation und Quellenherkunft

- Unterscheidung der einzelnen Bestimmungen des Gesetzes
- Bestimmen des ideologischen Gehalts der einzelnen Aussagen und Paragrafen des Gesetzes
- Bewerten der grundsätzlichen Bedeutung des Gesetzes im Rahmen der NS-Judenpolitik
- NS-Ideologie
- Etappen der Verfolgung der Juden durch die Nationalsozialisten

2. Textarbeit
Wichtige Hintergrundkenntnisse

3. Strukturierung

Gesetz „zum Schutz des deutschen Blutes und der deutschen Ehre"

Rassismus — Durchdrungen von der Erkenntnis, dass die **Reinheit des deutschen Blutes** die Voraussetzung für den Fortbestand des deutschen Volkes ist, und beseelt von dem unbeugsamen Willen, die deutsche Nation für alle Zukunft zu sichern, hat der Reichstag einstimmig das folgende Gesetz beschlossen, das hiermit verkündet wird.

§ 1

Antisemitismus — 1. Eheschließungen zwischen Juden und Staatsangehörigen deutschen oder artverwandten Blutes sind verboten. Trotzdem geschlossene Ehen sind nichtig, auch wenn sie zur Umgehung dieses Gesetzes im Ausland geschlossen sind.
2. Die Nichtigkeitsklage kann nur der Staatsanwalt erheben.

§ 2

Antisemitismus — Außerehelicher Verkehr zwischen Juden und Staatsangehörigen deutschen oder artverwandten Blutes ist verboten.

§ 3

Antisemitismus — Juden dürfen weibliche Staatsangehörige deutschen oder artverwandten Blutes unter 45 Jahren nicht in ihrem Haushalt beschäftigen.

§ 4

Antisemitismus — 1. Juden ist das Hissen der Reichs- und Nationalflagge und das Zeigen der Reichsfarben verboten.
2. Dagegen ist ihnen das Zeigen der jüdischen Farben gestattet. Die Ausübung dieser Befugnis steht unter staatlichem Schutz.

§ 5

1. Wer dem Verbot des § 1 zuwiderhandelt, wird mit Zuchthaus bestraft.
2. Der Mann, der dem Verbot des § 2 zuwiderhandelt, wird mit Gefängnis oder mit Zuchthaus bestraft.
3. Wer den Bestimmungen der §§ 3 oder 4 zuwiderhandelt, wird mit Gefängnis bis zu einem Jahr und mit Geldstrafe oder mit einer dieser Strafen bestraft.

Gesetz und allgemeine Gültigkeit

§ 6

Der Reichsminister des Innern erlässt im Einvernehmen mit dem Stellvertreter des Führers und dem Reichsminister der Justiz die zur Durchführung und Ergänzung des Gesetzes erforderlichen Rechts- und Verwaltungsvorschriften.

§ 7

Das Gesetz tritt am Tage nach der Verkündung, § 3 jedoch erst am 1. Januar 1936 in Kraft.

Nürnberg, den
15. September 1939

Aus: Reichsgesetzblatt 1935 I, S. 1146

4. NS-Ideologie

- *Rassismus:* Unterscheidung von biologisch bestimmbaren Rassen mit unterschiedlicher Qualität: die „arische Rasse" als höchste, die „jüdische" als minderwertigste Stufe
  Textbezug: sichtbar im Vorwort, das den Rassegedanken als Faktum behauptet, und in den Paragrafen 1, 2 und 3: Damit soll die Vermischung der „guten" arischen Rasse mit der „schlechten" jüdischen verhindert werden.
- *Antisemitismus:* traditionelle Ablehnung und als Konsequenz häufige direkte Verfolgung des Judentums, hier in der radikal rassistischen Form des Nationalsozialismus
  Textbezug: sichtbar in der gesetzlichen Ausgrenzung der deutschen Minderheit jüdischer Abstammung in allen Bestimmungen des Gesetzes; besonders deutlich in der Ausgrenzung der Juden aus dem deutschen Staatsverband in Paragraf 4
- Das Gesetz repräsentiert die zweite Etappe in der Verfolgung der Juden durch den Nationalsozialismus nach der informellen

Etappen der Judenverfolgung

Ausgrenzung durch Boykott, durch die propagandistische Diskriminierung und nach der „Entfernung" von Juden aus dem Staatsdienst: Jetzt geht es um die systematische Entrechtung und gesetzmäßige Diskriminierung der Juden durch den deutschen Staat.
- Das Gesetz macht die Rassenideologie des Nationalsozialismus zum staatlichen Akt und damit zu einer verbindlichen Haltung für alle. „Zuwiderhandlungen" werden entsprechend hart bestraft. Dieses Faktum stellt im Kern die neue Qualität der Verfolgung der Deutschen jüdischer Abstammung dar.

Aufgabe 7 *Charakter der Fragestellung*: Die erste Frage verlangt eine **Textarbeit** nach zwei Gesichtspunkten:
- nach den im Text enthaltenen wesentlichen Bestimmungen, die Deutschland betreffen,
- nach der Begründung für das Handeln der verbündeten Siegermächte.

Die zweite Frage erwartet das tiefergreifende Verständnis der Bedeutung der Quelle, das sich in einem zusammenfassenden **Urteil** niederschlagen soll. Dazu kommt die notwendige Kenntnis der politischen Situation Deutschlands nach 1945 (**Chronologie**).

Bestimmungen zu Deutschland: *1. Inhalte*
- Übernahme der „obersten Regierungsgewalt" in Deutschland und aller staatlichen Befugnisse durch die Verbündeten
- betontermaßen keine Aussagen über die Grenzen und den Rechtsstatus Deutschlands in der Zukunft

Begründung:
- Verantwortlichkeit Deutschlands für den Krieg
- bedingungslose Kapitulation Deutschlands
- Zusammenbruch der staatlichen Ordnung in Deutschland

Bedeutung für die Staatlichkeit Deutschlands: *2. Urteil*
- Die Erklärung stellt einen entscheidenden Bruch in der Entwicklung der deutschen Staatlichkeit dar: Diese erlischt durch die Übernahme der Regierungsgewalt durch die Alliierten; das hat entscheidende Folgen für die Entwicklung Deutschlands nach 1945.
- Das Geschehen ist in seiner Bedeutung nur vergleichbar mit dem Ende des „Heiligen Römischen Reiches Deutscher Nation" 1806.

Folgen für die Geschichte Deutschlands nach 1945:
- Aufteilung Deutschlands in Besatzungszonen und folgende Besatzungsherrschaft der alliierten Siegermächte über Deutschland
- Gebietsverluste durch die „Potsdamer Konferenz"
- spätere Teilung Deutschlands in Bundesrepublik und DDR
- eingeschränkte innerstaatliche und außenpolitische Souveränität der beiden deutschen Staaten bis 1990

Aufgabe 8 Thema des Plakates sind der Inhalt und die Folgen des Versailler Vertrages für Deutschland. Die historische Situation ist die Weimarer Republik in ihrer frühen Phase (1922). Die Textquelle ist ein Plakat (siehe auch unten das Kapitel „Plakat"!) verschiedener politischer und gesellschaftlicher Gruppen Münchens.

1. Thema, historische Situation und Quellenherkunft

- Bestimmen der einzelnen Positionen und Bewertungen zum Versailler Vertrag, die im Text zu finden sind
- Verstehen der Bedeutung der Aussage „Versailles ist schuld an Eurem ganzen Elend!"
- Überblick über die wichtigsten politischen Gruppen der Weimarer Republik
- Kenntnis der Umstände, die zum Versailler Vertrag führten, und der Situation der Weimarer Republik bis 1923 (Ausbruch des Ersten Weltkriegs; Friedensverhandlungen; Vertragsinhalte; Wirtschaftsprobleme; Inflation und innere Unruhen)

2. Textarbeit Hintergrundkenntnisse

- Kennzeichnung des Vertrages als rachsüchtiges „Diktat von Versailles"
- Ablehnung des Kriegsschuldartikels (der die deutsche Hauptschuld am Ersten Weltkrieg behauptete) als „Schuldlüge"
- Bezeichnen des Vertrages als verantwortlich für die wirtschaftliche Nachkriegsmisere

3. Positionen des Textes zum Versailler Vertrag

- Die Kritik am Versailler Vertrag und seinen Bestimmungen war in allen politischen Gruppen der Weimarer Republik verbreitet. Besonders wichtig war das Motiv aber für die rechten, republikkritischen oder -feindlichen Gruppen.
- Die radikale Wortwahl des Plakats und die sichtbare Kritik an der demokratischen Regierung sprechen für einen rechtskonservativen, republikkritischen Hintergrund der Veranstaltung.

4. Ideologische Zuordnung

Das verlangte Urteil sollte auf einer abgewogenen Einschätzung basieren!

5. Urteil

Aspekte, die die Textaussage stützen:
- immense wirtschaftliche Belastung durch die sehr hohen Reparationsleistungen Deutschlands an die Siegermächte
- mentale Belastung durch den in allen Bevölkerungskreisen als ungerecht empfundenen Kriegsschuldartikel 231 des Versailler Vertrages

Dem Text widersprechende Aspekte:
- tatsächliche Hauptschuld der kaiserlichen deutschen Regierung am Ausbruch des Ersten Weltkrieges und damit an seinen durch den Versailler Vertrag bestimmten Folgen für Deutschland
- großer Anteil der rechten Gruppierungen an der innenpolitischen Krise der frühen Weimarer Republik: Freikorps, Kapp-Putsch, rechtsradikale Femehmorde an demokratischen Politikern und politischen Gegnern (Organisation „Konsul"), latente Demokratiefeindlichkeit der national-konservativen Eliten, z. B. in Reichswehr, Justiz, Wirtschaft und Bürokratie

Aufgabe 9 *Charakter der Fragestellung:* Die ersten beiden Fragen erwarten eine **Textanalyse**; Sie sollten die wesentlichen Aspekte, die in der Aufgabenstellung angesprochen werden, zusammenfassend aus dem Text heraus beschreiben und notwendige weitere Erklärungen anfügen. Die dritte Frage verlangt ein **Urteil** zur Ernsthaftigkeit der SED-Position, in das die Chronologie der Deutschen Frage im genannten Zeitraum eingebunden werden soll.

- Aufbau eines friedliebenden Sozialismus im Gegensatz zur kriegstreibenden, imperialistischen Politik der Nato
- demokratische Legitimation der Führung durch das Volk, repräsentiert durch die Arbeiterklasse
- Streben nach der Wiedervereinigung
- die DDR als der rechtmäßige deutsche Staat aufgrund ihrer Friedensliebe und sozialistischen Verfassung

1. *Selbstbild der SED-Führung*

- System der kollektiven Sicherheit in Europa unter Einbeziehung beider deutscher Staaten; damit Anerkennung der DDR als souveräner Staat
- Abschaffung der Militärbündnisse, also auch der Nato, und Neutralisierung Deutschlands
- Akzeptanz von freien Wahlen bei Schaffung der zuerst genannten Situation

2. *SED-Bedingungen für eine Wiedervereinigung*

Der Vorschlag ist unrealistisch und eher als propagandistische Selbstdarstellung und Legitimation vor den eigenen Bürgern anzusehen, weil:

3. *Urteil*

- die Westintegration und Einbindung der Bundesrepublik in die NATO hätte rückgängig gemacht werden müssen; diese Einbindung war aber gerade die Voraussetzung der weitgehenden Souveränität der Bundesrepublik durch den Deutschlandvertrag 1955.
- der Vorschlag eine Rücknahme der Hallstein-Doktrin verlangt hätte, nach der nur die Bundesrepublik als legitimer deutscher Staat zu verstehen sei; diese Doktrin war der Kern der westdeutschen Deutschlandpolitik.
- die Bundesrepublik und die Westmächte einen ähnlichen Vorschlag Stalins (Stalin-Noten 1952) bereits abgelehnt hatten und vor allem die USA nicht auf das Potenzial Westdeutschlands innerhalb der Konfrontation des Ost-West-Konflikts verzichten wollten.
- die SED-Führung gar kein Interesse an freien Wahlen in der DDR haben konnte, da sie dadurch mit Sicherheit ihre alleinige Macht verloren hätte. Beweis für die antidemokratische Haltung der DDR-Führung ist der – militärisch durch sowjetische Truppen niedergeschlagene – Aufstand von DDR-Arbeitern und -Bürgern gegen die eigene Regierung am 17. Juni 1953.

140 Lösungen

Aufgabe 10 Die Quelle beschreibt die Lebenssituation eines deutschen Juden in der NS-Zeit nach Kriegsbeginn 1939. Der Text ist ein Tagebuchauszug eines unmittelbar betroffenen deutschen Juden.
Alle Fragen verlangen eine Textanalyse und sind im Blick auf den Text zu erarbeiten. Zum Verständnis der Details in der Frage 3 ist allerdings Hintergrundwissen nötig; die Zusatzfrage in der Frage 3 verlangt umfassendere Hintergrundkenntnisse.

1. *Thema, historische Situation und Quellenherkunft*

2. *Analyse der Fragestellung*

- Kürzung der Versorgungsrationen und der Kleidungszuteilungen
- Wohnbeschränkung auf ein Zimmer
- gleichfalls Enteignung des Hauses durch Schikanen bei einer möglichen Vermietung und durch die „Sicherstellung" jüdischen Vermögens durch den Staat

3. *Maßnahmen der deutschen Exekutive gegen die Juden*

Einordnung in die Chronologie der Judenverfolgung:
- Im Hintergrund sichtbar ist der Terror gegen Juden nach der Pogromnacht („Reichskristallnacht") von 1938: Verschleppung ins Konzentrationslager, Morde, Zerstörung von Wohnungen und Synagogen.
- Der Bericht beschreibt direkt die Maßnahmen der NS-Regierung gegen die deutschen Juden nach Kriegsbeginn: mehr oder weniger verdeckte Enteignung, zunehmende Ausgrenzung und systematische Benachteiligung.
- Dieser Situation folgte im nächsten Schritt die Deportation und Ermordung der deutschen und europäischen Juden seit 1941.
- Verständnis des kommunalen Beamten, der die staatlichen Schikanen ausführen muss, für Klemperers Situation,
- aber uneingeschränkte Durchführung der Schikanen.

4. *Haltungen des nicht-jüdischen Umfeldes*

- Depression und Klage über die schwierige Lage
- klare Analyse der Situation des deutschen Beamten und der Inhalte und der Folgen der NS-Maßnahmen
- Hoffnung aufgrund der Solidarität der Leidensgenossen

5. *Sichtbare Reaktionen Klemperers*

Aufgabe 11 *Charakter der Fragestellung:* Beide Fragen sind reine **Textfragen; Hintergrundkenntnisse** erleichtern das Verständnis der Situation und einiger im Text genannter Details. Die Fragestellung ist einfach, der Text im Grunde leicht verstehbar, allerdings durch das Zeitkolorit und die deutlich autobiografische Färbung möglicherweise etwas unzugänglich.

- Machtstreben der Bewegung und großer Erfolg bei den Reichstagswahlen
- Unwissenschaftlichkeit
- charakterliche Schwächen der einzelnen Politiker
- programmatische und politische Vielfalt und Uneinigkeit
- rassistische Definition des Judentums
- Angriff eines intimen Kenners und Parteifreundes auf den Zustand der Bewegung und auf die persönlichen Schwächen der antisemitischen Politiker

1. *Charakter des politischen Antisemitismus*

2. *Position des Autors*

- Versuch, Antisemitismus wissenschaftlich zu fundieren
- religiöse Definition des Antisemitismus
- keine sichtbare Einsicht in den Widersinn und die Unbegründbarkeit des Antisemitismus

Aufgabe 12 *Charakter der Fragestellung:* Die Frage 2 verlangt eine **Textarbeit**; dabei ist allerdings Wissen zur Zeitsituation notwendig, um die Bezüge zwischen Text und historischer Situation zu erkennen. Das Gleiche gilt für die etwas textnähere 3. Frage. Die 4. Frage verlangt über den Text hinaus Kenntnisse zur politischen und gesellschaftlichen Struktur der Bundesrepublik in den 50er- und 60er-Jahren.

Das Gedicht bezieht sich auf die Rolle der Medien, speziell der Bildzeitung, in der Gesellschaft der frühen Bundesrepublik in den 50er-Jahren des 20. Jahrhunderts. Es handelt sich um einen literarischen Text eines bekannten Schriftstellers und Intellektuellen.	1. Thema und Quellenherkunft
• Konsumideal der „Wirtschaftswundergesellschaft" der 50er-Jahre (1. Strophe) • Schönheitsideale der Boulevardpresse (2. Strophe) • Einbindung der materiell noch armen Arbeiterschaft in den Konsens des Wiederaufbaus; unternehmerfreundliche Wirtschaftspolitik (3. und 4. Strophe) • Wiederbewaffnung („Musterungen") und atomare Aufrüstung („atomarer Dreck") oder Entwicklung der zivilen Nutzung der Kernenergie	2. Aspekte der Zeitsituation
• Angriff auf die Bildzeitung und die Medien überhaupt als manipulativ und betrügerisch • Aufklärung der betroffenen Arbeitnehmer, die er für manipuliert und ausgebeutet hält • sehr kritischer Blick auf die politische und gesellschaftspolitische Situation der frühen Bundesrepublik • Enzensberger als sog. „Linksintellektueller", der sich einer sozialistischen Reform der Gesellschaft und Wirtschaft verschrieben hat	3. Position des Autors
• elliptische, assoziative Darstellung, die einzelne Aspekte der Situation aneinanderreiht und besonders betont • appellative Anrede an die negativ von der Situation Betroffenen • metaphorische Sprache, die die Situation der Manipulierten eindrücklich verdeutlicht: z. B. „... das Leichentuch aus Rotation (der Druckmaschine) und Betrug (der Bildzeitung), das du dir täglich kaufst"	Sprachliche Mittel
Das Gedicht greift wesentliche Aspekte der Geschichte Westdeutschlands auf: • Das „Wirtschaftswunder" der 50er-Jahre – ermöglicht durch den Konsens zwischen Arbeitnehmern und Arbeitgebern und einer sehr wirtschaftsfreundlichen Wirtschaftspolitik mit hohen Unternehmergewinnen und einem relativ niedrigen Lebensstandard der Arbeitnehmer – prägt den wirtschaftlichen	4. Einordnung in den gesellschaftspolitischen Hintergrund

Wiederaufbau Westdeutschlands. Dieser wird begleitet durch eine kapitalistische Grund- und die zunehmende Konsumorientierung als Wertmuster.
- Die konservative bürgerliche Gesellschaft der Adenauerzeit schließt politisch weitgehend an die Weimarer Republik an und enthält viele, vor allem personelle Kontinuitäten zur NS-Zeit. Die Bildzeitung ist Exponent dieser Politik.
- Wiederbewaffnung und atomare Rüstung sind zentrale außen- und innenpolitische Themen der Zeit: Diese Bereiche werden im Sinne der US-amerikanischen Interessen an der Bundesrepublik im Rahmen des Ost-West-Konflikts durch Adenauer geregelt.
- Die konservative, CDU-nahe Bildzeitung spielt eine äußerst einflussreiche Rolle in der Meinungsbildung der Zeit, gerade auch bei der Arbeiterschaft.
- Eine Gruppe sog. „Linksintellektueller" wendet sich gegen die ihrer Meinung nach reaktionäre Gesellschaftspolitik Adenauers und fordert eine Demokratisierung der Gesellschaft. Hauptangriffspunkt ist die Bildzeitung; der Konflikt der Linken mit der Springer-Presse eskaliert in der Studentenrevolte der 68er-Bewegung.
- Das Gedicht nimmt in seiner Struktur den großen Konflikt zwischen dem konservativen CDU-Establishment der 60er-Jahre und der linken Reformbewegung, den 68-ern, vorweg.

Aufgabe 13 *Charakter der Fragestellung:* Die erste Frage kombiniert eine **Textanalyse** mit einer **Bewertung der Textaussagen**: Sie sollen mit ihrem Wissen zur historischen Situation beurteilen, ob das in der Quelle entwickelte Bild die Realität trifft. Die zweite Frage verlangt zuerst eine Zusammenfassung der **Textposition** zum deutschen Kolonialismus; im zweiten Schritt sollen Sie diese Haltung einer innenpolitischen Richtung der Zeit des „Wilhelminismus" zuordnen!

1. Denkweisen und Haltungen des deutschen Kolonialismus

- imperialistische Eroberung und Unterwerfung der Kolonien; Enteignung und wirtschaftliche Ausbeutung der unterworfenen Stämme und Bevölkerungsgruppen (Strophen 7, 8, 9, 12)
- Militarismus: Lösung der Kolonialkonflikte allein mit militärischen Mitteln (Strophen 3, 6, 10, 11, 12, 13)
- hohe Gewaltbereitschaft im Umgang mit den Unterworfenen; Verzicht auf humane, juristische und überhaupt zivilisierte Standards in den Kolonien (Strophen 3, 6, 7, 10, 11, 12, 13)
- Rassismus gegenüber den Afrikanern, die als minderwertig betrachtet und behandelt werden (Strophen 3, 4, 5, 8, 9)
- Kolonialpolitik als teueres Unternehmen für den Staat aufgrund der Kosten für die militärische Unterwerfung und den Ausbau der Infrastruktur (Strophen 4, 5, 10, 15)
- erfolgreiche Agitation gegen die Gegner einer Kolonialpolitik dieser Art im Reich (Strophen 1, 14, 15)

Die Situationsschilderung trifft für die Entstehungszeit des Gedichts durchaus zu! Denn:

Urteil zum Realitätsgehalt

- Die deutsche Kolonialpolitik war imperialistisch, militaristisch und rassistisch motiviert und in ihren Strukturen gleich geartet.
- Der Hereroaufstand entstand als Gegenbewegung gegen die Unterwerfung durch die Kolonialverwaltung und gegen die wirtschaftliche Übervorteilung durch die weißen Händler.
- Vergewaltigungen und andere Übergriffe durch Weiße sind ebenfalls als Fakten überliefert.
- Das deutsche Expeditionsheer ging mit äußerster Grausamkeit gegen die aufständischen Stämme vor; man rechnet mit 60 000 Opfern unter den Hereros bei einer Stammesgröße zwischen 80 000 und 100 000 Menschen; tatsächlich wurden viele Überlebende deportiert oder zur Zwangsarbeit verurteilt; der Stamm wurde vollständig enteignet.
- Die Kolonialpolitik war vor allem aufgrund der kostspieligen militärischen Intervention eine teuere Angelegenheit.
- Die Gegner einer Kolonialpolitik waren im Reichstag und in der Bevölkerung tatsächlich in der Minderheit und sahen sich dem üblichen Vorwurf des Vaterlandverrats ausgesetzt. Hintergrund war der immense propagandistische Aufwand, den die Interessensgruppen, die nationalistischen Vereine und die Regierung betrieben, um das Prestigeobjekt „Kolonien" zu rechtfertigen und weiterzutreiben.
- Das Gedicht greift das deutsche Vorgehen in Südwestafrika und die deutsche Kolonialpolitik und ihre Grundlagen stark an. Es fordert humane und zivile Standards ein; die imperialistische Unterwerfung der betroffenen Völker wird grundsätzlich abgelehnt, eine aufgeklärte Betrachtung des Vorgehens versucht und die offene politische Debatte im Reichstag gefordert.
- Mit dieser Position gehörten die Herausgeber des Gedichts dem linken, demokratischen und sozialistischen politischen Spektrum der Kaiserzeit an. Wie der „Süddeutsche Postillon" kritisierten die Sozialdemokraten das Vorgehen der Regierung und der Kolonialisten in Südwestafrika und auch in anderen Kolonien. Ähnliche Positionen nahmen auch linksliberale Parteien und Gruppen ein. Gegen sie standen alle systemtragenden Gruppierungen des Wilhelminismus: Nationalliberale, Konservative und in weiten Teilen das Zentrum als katholisch dominierte Partei.

2. Textposition

Aufgabe 14 Herberts Text fragt nach der Haltung der deutschen Gesellschaft zur NS-Judenpolitik seit der Pogromnacht vom 9. November 1938. Die zugrunde liegende Situation ist das Deutsche Reich unter dem nationalsozialistischen Regime. *1. Thema und historische Situation*

- die Judenpolitik als „marginaler", unwichtiger Aspekt der NS-Politik; Gleichgültigkeit gegenüber der Verfolgung einer Minderheit *2. Haltung der Deutschen*
- Mangel an demokratischem und humanitärem Wertbewusstsein in der deutschen Gesellschaft
- keine wirkliche Beunruhigung durch die Rechtsbrüche und Morde der Pogromnacht
- Akzeptanz der „stillen" Verfolgung der jüdischen Minderheit
- „eliminatorischer Antisemitismus" der Deutschen, bedingt durch christliche und rassistische Traditionen seit der frühen Neuzeit *3. Goldhagen-These*
- fanatische und als richtig erachtete Verfolgung der deutschen und europäischen Juden aufgrund tiefsitzender Haltungen
- die Judenverfolgung als gleichfalls gemeinsames gesellschaftliches Projekt der Deutschen
- Herbert erkennt grundlegende Wertedefizite und fehlendes Problembewusstsein als Hintergrund der Gleichgültigkeit der Deutschen, nicht aber einen grundlegenden Antisemitismus bei der Mehrheit *Position des Autors*
- Judenverfolgung als Projekt des Regimes
- im Vergleich zeigt sich ein deutlicher Gegensatz zwischen Goldhagen und Herbert; beide deuten den Ablauf völlig anders *Vergleich*

Aufgabe 15 *Charakter der Fragestellung:* Sie sollen die Textaussagen nach den im Text erläuterten **wissenschaftlichen Positionen** ordnen. Die zweite Frage verlangt das Erkennen und die Zusammenfassung der **Autorposition**; eine kurze Erklärung der Differenz der Autorposition zu den anderen sollte sich anschließen.

- „Hineinschlittern" aller Mächte in den Krieg ohne besondere Schuld der deutschen Führung *1. Wissenschaftliche Erklärungsmodelle zur Kriegsschuldfrage*
- „Fischer-These": geplanter und durch die deutsche Führung bewusst provozierter Angriffskrieg zur Erlangung der Hegemonialstellung in Europa und einer Weltmachtstellung
- „Flucht nach vorn": Ausweichen der adeligen, konservativen politischen Eliten des Kaiserreichs in die Aggression nach außen, um dem inneren politischen Demokratisierungsdruck und dem damit verbundenen Machtverlust zuvorzukommen
- „Kalkuliertes Risiko": riskante diplomatische Offensive der deutschen Führung, um den Bündnisring der „Entente" um Deutschland zu sprengen; Inkaufnahme des großen Krieges im nicht erwarteten schlechtesten Fall

- Die These des „Hineinschlitterns" sei nicht mehr haltbar.
- Die anderen drei Ansätze seien für sich allein nicht ausreichend, um die Situation richtig zu erklären.
- Ullrich definiert das Verhalten der deutschen Führung aber auch selbst als „Risikopolitik", als „hochgefährliche Konfliktstrategie"; er stellt sich also im Kern auf die Seite der Theorie des „kalkulierten Risikos".
- Ullrich betont ergänzend als entscheidende Aspekte der Bewusstseinslage der deutschen Führung in der Julikrise eine Mischung aus den skizzierten Modellen: Er erkennt aufseiten der Deutschen eine „Einkreisungs-Psychose" und die „Furcht vor der russischen Gefahr", die Bereitschaft, durch außenpolitische Aggression die „innenpolitische Blockade" zu durchbrechen und die völlig falsche Einschätzung der militärischen Kräfteverhältnisse.

2. Position des Autors

gabe 16 Der erste Frageteil verlangt:
- Beschreiben der wesentlichen Inhalte
- Erläutern der konkreten Zeithintergründe
- Beschreiben der wesentlichen Gestaltungsmittel
- Erklären der Aussageabsicht

Dazu kommt der Bezug zwischen der konkret sichtbaren Aussageabsicht und dem Publikationshintergrund der Quelle, also
- die Einbindung der Position der Quellenproduzenten; zu erläutern ist also, wie die konkrete Aussage mit dem grundsätzlichen Standort des Quellenproduzenten in der historischen Situation zusammenhängt.

Der zweite Frageteil erwartet ein situationsexternes Urteil, das die Quellenaussage mit dem eigenen Wissen über den historischen Ablauf vergleicht und die Quelle möglichst abgewogen einordnet.

Erster Frageteil

Zweiter Frageteil

gabe 17 *Charakter der Fragestellung:* Die Frage ist sehr allgemein gehalten; mit einer systematischen Analyse der Quelle liegt man sicherlich richtig.

- Beschreiben der wesentlichen Inhalte
- Erläutern der konkreten Zeithintergründe
- Beschreiben der wesentlichen Gestaltungsmittel
- Erklären der Aussageabsicht

Zielpunkt der Antwort sollte aber die Klärung der Aussageabsicht sein („Bewertung ... in der Bildquelle")!

Analyse der Frage

gabe 18 *Charakter der Fragestellung:* Die Fragestellung ist zweigeteilt, lässt sich aber bei genauerem Hinsehen mit dem eingeübten Modell bewältigen. Dabei empfiehlt es sich, in der Antwort die Reihenfolge der Fragen umzustellen.

	Der zweite Frageteil verlangt: • Beschreiben der wesentlichen Inhalte • Erläutern der konkreten Zeithintergründe • Beschreiben der wesentlichen Gestaltungsmittel • Erläutern der im Bild enthaltenen Textteile und des Titels bzw. der Bildunterschrift • Erklären der Aussageabsicht	*Zweiter Frageteil*
	Der erste Frageteil erwartet die bewertende Einordnung der Quelle in den Zeithintergrund; das wird bereits in der Zuordnung der einzelnen Bildelemente geleistet, sollte aber bei dieser Fragestellung in einer abschließenden Bewertung auf den Punkt gebracht werden, die die Aspekte der Situation genau nennt, auf die sich die Quelle bezieht.	*Erster Frageteil*
Aufgabe 19	Die Herkunft der Quelle ist nicht genau bezeichnet; offensichtlich handelt es sich um eine gestellte, also „inszenierte" Schwarzweiß-Fotografie einer Personengruppe vor einem Gebäude-Ensemble, die die Situation des Waisenhauses dokumentieren sollte. Das Foto gibt, abgesehen von der Inszenierung, ein authentisches Bild der Insassen und des Umfeldes eines städtischen Waisenhauses in der Zeit des Wilhelminismus wieder.	*Quellenherkunft*
	Thema der Fotografie ist die Situation eines bestimmten Waisenhauses um 1909.	*Thema*
	• ca. 80 Kinder in gleicher (Sonntags-)Kleidung • nach Geschlechtern getrennte, in Reihen geordnete Aufstellung • im Vordergrund sechs Kinder mit besonderer Kleidung und mit Kränzen, wahrscheinlich aufgrund besonderer Leistungen oder guten Verhaltens • Hof eines spätmittelalterlichen Gebäudeensembles mit einer Kirche im Hintergrund	*Inhalte*
	• Situation eines Waisenhauses um 1900: kasernierte Erziehung in Großgruppen mit wenig Personal • militärisch orientierte Pädagogik mit deutlichem Leistungsideal und Erwachsenen-Ansprüchen an die Kinder (sichtbar vor allem an der Kleidung) • deutliche Distanz zwischen Erwachsenen und Kindern als pädagogische Grundhaltung • noch mittelalterlich geprägter Innenstadtausschnitt einer industrialisierten Großstadt	*Historischer Zusammenhang*
	Das Bild ist eine inszenierte Fotografie, die Wert auf die Ordnung der Personengruppen und auf den Überblick über die Baulichkeiten des Waisenhauses legt.	*Gestaltung*
	• Inszenierung einer Situation, die wahrscheinlich im Auftrag der für das Waisenhaus Verantwortlichen die geordnete Situation des Waisenhauses dokumentieren soll • für die Zeit professioneller Bildaufbau • keine weiter gehende ideologische Komponente erkennbar	*Standpunkt des Fotografen*

Das Foto dokumentiert einen kleinen Ausschnitt aus der sozialen Situation um 1900 im Kaiserreich. Sichtbar werden daran die wohl ärmliche, aber bereits geordnete gesellschaftliche Grundsituation, in der auch Randgruppen durch öffentliche Einrichtungen versorgt werden.
Interessant ist die indirekt sichtbare Erziehungsvorstellung der Zeit, die durch die sog. „Sekundärtugenden" geprägt war: Pflichtbewusstsein, Pünktlichkeit, Sauberkeit, Disziplin und Ordnung. Im Vergleich zu heute fallen die Größe der Gruppe, die kleine Zahl der Erzieher und die emotionslose Distanz der Erwachsenen auf.
Die wesentlichen Aspekte, die in der Fotografie sichtbar werden, sind die soziale Situation der Waisen auf der einen und die im Bild sichtbaren Erziehungsvorstellungen der Zeit auf der anderen Seite.
Als gestellte Fotografie kann das Bild als „inszenierte Fotografie" bezeichnet werden.

Historischer Zusammenhang

Aufgabe 20 *Charakter der Fragestellung:* Die Frage verlangt, vom Wissen um wesentliche Arbeitsprozesse der Industrialisierung auszugehen und dieses auf die Fotografie anzuwenden. Die anderen Aspekte des Interpretationsmodells sind aufgrund des dokumentarischen Charakters von geringerem Interesse und deshalb nicht gefragt.

- Fabrikarbeit zur Organisation der Massenproduktion (Fabrikhalle; große Zahl von Beschäftigten; systematische Arbeitsorganisation)
- Dominanz der massenhaften Handarbeit bei komplizierteren Produktionsabläufen wie hier in der Elektroindustrie (Handarbeit der Arbeiterinnen und Arbeiter)
- arbeitsteilige Arbeitsabläufe zur Rationalisierung (unterschiedliche Arbeitsabläufe)
- Frauenarbeit als normales Phänomen (arbeitende Frauen)
- hierarchische Ordnung und strikte Kontrolle in der Fabrik (deutlich besser gekleidete Aufseher neben den Arbeiterinnen und Arbeitern)
- Rolle der aufstrebenden Elektroindustrie für die industrielle Entwicklung des Reichs (Produkt der Elektroindustrie)

Historischer Hintergrund (Inhalte der Quelle)

Aufgabe 21 *Charakter der Fragestellung:* Die Frage erwartet die Nennung der wesentlichen Bildinhalte, die Erläuterung des historischen Hintergrunds und eine Bewertung dieses Geschehens im historischen Ablauf.

Auf dem Bild ist das Schaufenster eines jüdischen Geschäftes in Berlin erkennbar, das mit dem Davidstern, der Aufschrift „Jude" und einem Plakat mit dem Text „Deutsche! Wehrt Euch! Kauft nicht bei Juden!" beklebt ist.
Hintergrund der Fotografie ist die erste antisemitische Aktion der neuen NS-Regierung: der deutschlandweite Boykott jüdischer

Inhalte

Historischer Hintergrund

Geschäfte durch die SA. Die Aktion ist der Beginn der Judenverfolgung, die im Massenmord an den europäischen Juden endete.
Es handelt sich um eine dokumentarische Aufnahme, die ein einzelnes Ereignis festhält einer bedeutenden politischen Entwicklung festhält.

Bewertung

Aufgabe 22 *Charakter der Fragestellung:* Die Fragestellung ist relativ offen; deutlich verlangt wird eine Beschreibung des Ereignisses im geschichtlichen Zusammenhang. Darüber hinaus könnte die Einordnung auch eine Bewertung erwarten: Auch hier empfiehlt sich deshalb die Orientierung an der Abfolge Inhalt – Zusammenhang – Bewertung!

Das Bild zeigt
- den deutschen Bundeskanzler Willi Brandt (1969–1974)
- im offiziellen Rahmen
- bei seinem Kniefall vor dem Denkmal anlässlich einer Kranzniederlegung für die Opfer des Warschauer Aufstands gegen die deutschen Besatzer 1944.

Inhalt

Der Besuch Brandts in Warschau diente der
- Unterzeichnung des Warschauer Vertrags
- im Rahmen der neuen Ostpolitik der sozialliberalen Koalition,
- in der der territoriale Status quo für die östlichen Nachbarn garantiert wurde.
- Diese Ostpolitik ermöglichte im Rahmen der weltweiten Entspannungspolitik
- ein neues Verhältnis zu den ehemaligen Kriegsgegnern im Osten und damaligen Ostblockstaaten wie Polen.
- Der Kniefall Brandts galt als Symbol für das deutsche Schuldanerkenntnis für die Verbrechen an den Polen während des Zweiten Weltkriegs.
- Brandt erhielt für seine Ostpolitik und seine Haltung 1971 den Friedensnobelpreis.
- Die Ostpolitik der Regierung Brandt/Scheel bereitete mit ihrer Neuorientierung und der damit verbundenen Vertrauensbasis bei den östlichen Nachbarn die deutsche Wiedervereinigung mit vor.

Historischer Zusammenhang

- Das Bild zeigt ein berühmtes Ereignis, das für die grundlegende Neuorientierung der deutschen Außenpolitik seit 1969 steht und für eine offene Auseinandersetzung mit den nationalsozialistischen Verbrechen.
- Aufgrund ihrer Berühmtheit und Bedeutung kann dieses Motiv als „Ikone" bezeichnet werden, die einen bestimmten Politikansatz (Friedens- und Entspannungspolitik) und die moralische Ausrichtung von Politik insgesamt symbolisiert.

Bewertung

Aufgabe 23

Die Bauernfamilie, bestehend aus drei Generationen, füllt im Vordergrund harmonisch das gesamte Bild aus. Dem Vater ist der Sohn, der Mutter eine Tochter zugeordnet.	*Gestaltungsmittel* *a) Bildkomposition*
Der Betrachter steht den Personen direkt gegenüber; das Bild wirkt in der Betonung des Familienzusammenhangs flächig und ohne Tiefe.	*b) Perspektive*
Der Maler verzichtet auf Effekte, die Farben sind durchgängig gedeckt, das Licht wirkt mild und harmonisierend.	*c) Farbe, Licht*
Das Bild könnte als idealisierender Realismus bezeichnet werden; es verzichtet bewusst auf jede Expression in Stil und Inhalt und konzentriert sich auf den intakten bäuerlichen Familienverband. Es trifft damit im Inhalt und in der stilistischen Bindung einen wesentlichen Bereich der sog. NS-Kunst.	*d) Stil*
Die ideologische Position des Malers liegt in der Betonung der harmonischen, ernsthaften bäuerlichen Familie. Seine Aussage wird durch die Flächigkeit und Emotionslosigkeit der Darstellung vereinfacht und gleichzeitig verstärkt: Das Bild wirkt fast plakativ belehrend.	*Aussageabsicht*
Das Bild passt genau zur **NS-Ideologie**. Es trifft folgende Elemente:	*Historischer Hintergrund*

- **Blut und Boden-Mythos**: rückwärtsgewandte Verherrlichung bäuerlichen Lebens als einfach, ehrlich, harmonisch und germanisch-arisch
- **Familie als Mythos**: Familie und Kinderreichtum als Keimzelle der neuen Gesellschaft, die die arische Rasse trägt und weiterbringt
- **Konservative Mutterrolle**: die Mutter als Bewahrerin der Familie und als Produzentin des rassisch reinen Nachwuchses
- **Antimodernismus**: Ablehnung einer modernen, der neuen industriellen Welt angepassten künstlerischen Gestaltung als „entartet"
- **Ideologie als behauptete Realität**: der Realismus des Bildes schafft ein ideologisch stark verzerrtes und verlogenes Bild der Wirklichkeit; das Bild wirkt so auch propagandistisch-plakativ

Aufgabe 24

Charakter der Fragestellung: Die Frage ist sehr verkürzt formuliert. Zielpunkt ist die ideelle Position des Malers, die allerdings ohne die Beschreibung der Inhalte, des historischen Zusammenhangs und der Gestaltungsmittel nicht ausreichend zu bestimmen sein dürfte. Gehen Sie also auch hier systematisch vor:
- Beschreibung der wichtigsten Inhalte und Zusammenhänge
- Bestimmen der wesentlichen Gestaltungsmittel
- Klären der Aussagabsicht

Der zweite Teil der Fragestellung verlangt Kenntnisse zum politischen Spektrum der Weimarer Republik; die Einordnung ist nach der Interpretation des Standpunkts des Malers aber einfach.

- typische Vertreter der konservativen Eliten der Weimarer Republik („Stützen des Gesellschaft"): Jurist mit Symbolen der Burschenschaften (Schmiss, Degen), Unternehmer mit Wirtschaftszeitung und Bleistift, rechter Politiker mit der preußischen Flagge und einer plakativen Parole auf der Brust, Richter in Robe, Offiziere mit Degen und Pistole
- karikierende Details: statt einem Gehirn Paragrafen, ein Nachttopf und Kot im Kopf, typische Monokel und Brillen als Standesbezeichnung, Blut an den Waffen und am Palmzweig des Unternehmers
- Gewalt als Hintergrundmotiv: brennendes Haus, gewalttätige Soldaten

Inhalte

- typische Vertreter der konservativ und reaktionär eingestellten Eliten der Weimarer Republik: Juristen, Unternehmer, Offiziere, führende Politiker der konservativen bürgerlichen Parteien
- Militarismus und aggressive Attitüde: Weiterwirken typisch wilhelminischer Bewusstseinslagen in den Eliten der Republik; Verweis auf die Rolle des Militärs im Ersten Weltkrieg und in der revolutionären Anfangsphase der Weimarer Republik
- antidemokratische Grundhaltung der Eliten: sichtbar in der karikierten Gestaltung, den Symbolen von Gewalt und Kaiserreich; Bezüge zum Verhalten der Richter etwa bei milden Urteilen gegen rechtsradikale Gewalttäter, Mörder und Umstürzler; Hinweise auf das Militär und seine bewusste Distanz zum demokratischen Staat

Historischer Zusammenhang

- einzelne Vertreter der gesellschaftlichen Eliten der Republik mit typischen Kleidungsdetails und Symbolen; im Hintergrund Gewalt als Leitmotiv; betont unrealistische, flächig-assoziative Anordnung der Figuren

Gestaltung
a) Bildaufbau

- viele Details verweisen auf die Standeszugehörigkeit und auf vom Maler als typisch erachtete Verhaltensweisen der bezeichneten Gruppen

b) Symbolik

- expressive, durch plakative Farben düstere Grundstimmung im Hintergrund und karikierte, betont unrealistische Figurenzeichnung

c) Farbgebung und Figurengestaltung

- expressive Karikatur, die Verhaltensweisen überzeichnet

d) Stil

- provokativer Angriff auf die konservativen Eliten der Weimarer Republik durch karikierte und typisierte Darstellung von deren reaktionären und antidemokratischen Bewusstseinslagen; Angriff auf Militarismus und innenpolitische Gewaltbereitschaft
- harte Zeitkritik aus einer offensichtlich republikanischen Haltung heraus

Aussageabsicht

- Grosz als eher links orientierter Künstler und Intellektueller, der sich für die Republik, auf jeden Fall aber gegen ihre reaktionären und bürgerlich-konservativen Gegner einsetzt
- Position einer bürgerlich-intellektuellen Minderheit zwischen den kommunistischen und sozialdemokratischen Arbeitern und den mehrheitlich demokratiefeindlichen bürgerlichen Gruppen

Standort des Malers im politischen Spektrum

Lösungen / 151

Aufgabe 25 Die Quelle ist eine Karikatur von Hans Erich Köhler „Und der Himmel hängt voller ..." (1949) aus „Deutsche Zeitung und Wirtschaftszeitung" von 1949; ihr Thema ist die Situation der 1949 gegründeten Bundesrepublik. — *Quellenherkunft und Thema*
- Im unteren Bildteil liegt ein kleines Kind — *Inhalte*
- mit einer Schlafmütze („Deutscher Michel")
- auf einem mehrfach geflickten Bett.
- Darüber hängen an einem dünnen Faden bedrohlich sechs Schwerter mit den Aufschriften „Ruhr-Statut", „Kapitalmangel", „Wohnungsnot", „Demontage", „Zonen-Entfremdung", „Arbeitslosigkeit".
- Im Hintergrund schwebt eine schwarze Wolke.
- Das Kind symbolisiert den neuen deutschen Staat. — *Historischer Zusammenhang*
- Die geflickte Decke und die Schwerter beziehen sich auf die Probleme Westdeutschlands im Jahr 1949:
- Das Ruhr-Statut (1948) entzog die Schwerindustrie im Ruhrgebiet der Kontrolle der neuen deutschen Regierung; es wurde 1951 durch die sog. „Montanunion" abgelöst, einem Zusammenschluss der europäischen Kohle- und Stahlindustrie.
- Kapitalmangel, Wohnungsnot, Arbeitslosigkeit und die allerdings bald eingestellte Demontage von Industrieanlagen als Kriegsentschädigung waren die drängendsten wirtschaftlichen Probleme.
- Die sich anbahnende Trennung zwischen den westlichen Besatzungszonen und der „Ostzone" zeichnete sich als das zukünftige außenpolitische Hauptproblem bereits ab.
- Die schwarze Wolke im Hintergrund und die Schwerter symbolisieren die Bedrohungen für den neuen Staat. — *Gestaltungsmittel*
- Die „seidenen Fäden" und die Schwerter spielen auf die sprichwörtliche griechische Sage vom Damoklesschwert an, das bedrohlich über einer Person hängen kann.
- Der Titel verdoppelt ironisch diese Anspielung: Statt den Geigen des Glücks gibt es unheilverheißende Damoklesschwerter.
- Die Konzentration auf das Bedrohungsszenario verdeutlicht die gefährliche und unsichere Situation des neu gegründeten deutschen Weststaats.

Der Karikaturist drückt angesichts der Probleme des neuen Staates seine deutlichen Zweifel und Ängste über das Gelingen der Neugründung aus. — *Standpunkt des Karikaturisten*

Die Karikatur zeigt sehr gut die schwierige Situation der Bundesrepublik vier Jahre nach Kriegsende. Sichtbar wird auch, dass die Neugründung Westdeutschlands nicht von Anfang an glücken musste, sondern durch bestimmte Umstände erst zur Erfolgsgeschichte wurde. — *Bewertung*

Aufgabe 26 *Charakter der Fragestellung:* Die erste Frage bezieht sich auf die Bereiche „Thema, Inhalte, historische Zusammenhänge" unseres Interpretationsmodells und erwartet die Beschreibung der wesentlichen inhaltlichen Elemente und deren historischer Zusammenhänge. Die zweite Frage verlangt ein „situationsexternes Urteil" mit zusätzlichen Kenntnissen der Entwicklung. Denken Sie bei der zweiten Frage daran: Ein klares Urteil sollte thesenhaft Ihre Erörterung einleiten! Das Abwägen zwischen unterschiedlichen Einschätzungen bringt immer Punkte!

- Der deutsche „Führer" Adolf Hitler schreitet im Stechschritt *Thema und Inhalte*
- über die gebeugten Rücken der demokratischen Politiker
- und macht sich mit einer Geste über diese lustig.
- Die Situation ist als „Treppe" ausgelegt, deren erste Stufen „Wiederbewaffnung", die Besetzung des entmilitarisierten Rheinlands, Danzig und als letztes die Weltherrschaft sind.
- Aggressive Außenpolitik von Hitlers Regierung *Historischer*
- bei der Wiedereinführung der Wehrpflicht (März 1935) *Zusammenhang*
- und der einseitigen Kündigung des Locarno-Vertrags (seit 1925) mit Frankreich und der folgenden Besetzung des seit dem Versailler Vertrag (1919) entmilitarisierten Rheinlands (1936).
- „Appeasement"-Politik der Westmächte, die Hitler durch Zugeständnisse in seiner scheinbaren Absicht, die Festlegungen des „Versailler Vertrages" zu revidieren (Revisionspolitik), besänftigen wollte.

Der Karikaturist bewertet die Umstände der außenpolitischen *Aussageabsicht*
Erfolge Hitlers folgendermaßen:
- Die Demokraten würden den Rücken vor dem Diktator krümmen; diese Haltung greift er als „spineless" (rückgratlos) an.
- Hitler mache sich über diese lustig; seine Friedensbeteuerungen seien nicht ernst zu nehmen,
- denn Hitler strebe letztlich die Weltherrschaft an.

Der Karikaturist trifft die Situation richtig: *Urteil*
- Das laue Verhalten der meisten europäischen Demokratien, v. a. Frankreichs und Englands als Siegermächte des Ersten Weltkriegs, ermöglichte den außenpolitischen Aufstieg und die militärische Wiedererstarkung des nationalsozialistischen Deutschlands.
- Hitlers Taktik der Schaffung vollendeter Tatsachen bei gleichzeitigen Friedensbeteuerungen ging auf, wie es der Karikaturist als Täuschung in der Geste Hitlers kennzeichnet.
- Verständlich ist andererseits die Zurückhaltung der westeuropäischen Demokratien, die wie England durch das Engagement in seinen Kolonien und Frankreich aufgrund schwerwiegender innenpolitischer Probleme an einem außenpolitischen Konflikt mit Deutschland nicht interessiert waren. Außerdem war die brutale Konsequenz Hitlers nicht unbedingt vorauszusehen, wenn dies dem Karikaturisten auch in seiner Kennzeichnung des Ziels Hitlers mit „Boss of the Universe" durchaus gelingt.

Lösungen / 153

Aufgabe 27 *Charakter der Fragestellung:* Die Fragestellung verlangt das eingeübte systematische Vorgehen. Beschreiben Sie also einleitend die Herkunft, dann die wesentlichen Inhalte, die Gestaltungselemente, die historischen Bezüge und die Aussage der Quelle! Erläutern Sie in einem zweiten Schritt explizit, welche Aspekte der Situation in Deutschland im Januar 1919 in der Quelle sichtbar sind! Eine Besonderheit dieses Plakats ist der relativ ausführliche Textteil; beziehen Sie ihn in den einzelnen Analyseschritten knapp mit ein!

Die Bildquelle ist ein Wahlplakat des bayerischen Zentrums (Christliche Volkspartei) zur Nationalversammlung am 18. Januar 1919. Das Zentrum war seit dem Kaiserreich eine katholisch geprägte Partei mit Schwerpunkt in den katholischen Regionen in Bayern und im Rheinland. *(Herkunft)*

- Über einer brennenden Stadt in einem Flammenmeer *(Inhalte)*
- schwebt ein christliches Kreuz in einem Strahlenkranz.
- Der Begleittext erläutert das Plakat und enthält den Appell, die katholische „Christliche Volkspartei" als Teil des Zentrums zu wählen.
- Die brennende Stadt verweist auf die überwundene Kriegssituation und die aktuelle Krise des Reichs mit Bürgerkriegen und dem revolutionären Umbruch. Die Situation wird im Begleittext als „Anarchie" und „Klassenegoismus" bezeichnet. *(Historischer Zusammenhang)*
- Das Kreuz und der Text enthalten die Position der Christlichen Volkspartei und des Zentrums, die religiöse Orientierung und das Wertefundament, so wie es auch der Text nennt: „Recht, Pflicht und Nächstenliebe".
- Der Bildaufbau ist einfach und auf die Kombination aus Kreuz, brennender Stadt und den Appell konzentriert. *(Gestaltung)*
- Die Symbolik ist für die Bildaussage wesentlich: Das Kreuz steht für die christliche Religion und im Bildkontext für Rettung und Hoffnung, die brennende Stadt für die Krisensituation Deutschlands.
- Die Hell-dunkel-Gestaltung erhöht in ihrer Einfachheit die Bildaussage und die Symbolkraft der Inhalte.

Das Plakat enthält in Bild und Text eine eindeutige Aussage: Es definiert die politische Situation in Deutschland als „Anarchie" und fordert als Rettung die Orientierung an der christlichen Religion und damit die Wahl des katholischen Zentrums. *(Aussage)*

- Das Plakat bezieht sich auf die schlechte wirtschaftliche und gesellschaftliche Situation des Reichs nach dem Ersten Weltkrieg und auf die Krise der Revolutionsphase mit bürgerkriegsähnlichen Zuständen, die während der Wahlen zur Nationalversammlung andauerten. *(Einordnung)*
- Die Wahlen zur Nationalversammlung sollten die Krise beenden und Deutschland eine neue Verfassung bringen: Diese am Sitz der Nationalversammlung erlassene Verfassung begründete die „Weimarer Republik".

- Das „Zentrum" als Partei der ländlichen und bürgerlichen katholischen Bevölkerung spielte in dieser Nationalversammlung als demokratisch orientierte Partei eine bedeutende Rolle. Das Zentrum wurde zumindest bis 1930 zu einer die Republik stützenden Partei.

Aufgabe 28 In dem Plakat der SPD zur Reichstagswahl am 14. 9. 1930 *Inhalte*
- schlägt ein an seiner Kleidung erkennbarer Arbeiter mit der Listennummer der SPD
- auf einen Geldsack mit einer sehr hohen Summe als Aufdruck
- und dem Hakenkreuz als Symbol für die Nationalsozialisten.
- Die Aufschrift erklärt den Vorgang als Aktion gegen den Bürgerblock und die Nationalsozialisten.
- Das Plakat stellt zwei politische Positionen der Situation der *Historische Einordnung*
Reichstagswahlen dar: Auf der einen Seite die Arbeiterpartei SPD, auf der anderen die politischen Gegner NSDAP und Bürgerblock.
- Die Verbindung von Geldsack und den gegnerischen Parteien soll die Finanzierung dieser Parteien durch die Unternehmer und die Großindustrie verdeutlichen.

Aufbau des Plakats: *Gestaltung*
- Konzentration auf die beiden wesentlichen politischen Positionen in der Darstellung des Arbeiters, der auf den Geldsack schlägt
- dominante Position des Arbeiters
- Betonung der Arme und Hände des Arbeiters in der Bildmitte
- Dynamik in der Darstellung der Handlung und des Arbeiters
- der Arbeiter in Arbeiterkleidung symbolisiert die Zielgruppe *Symbolik*
der SPD
- Arme und Hände des Arbeiters als Symbol für die Identität der angesprochenen Wählergruppe als mit ihren Armen und Händen Arbeitende
- Geldsack als Symbol für die reichen Oberschichten
- die Zahl 1 als Metapher für den Hammer
- Konzentration auf die wesentliche Aussage *Stil*
- hohe Symbolkraft aller Elemente
- eindeutiger Verweis auf die entscheidende Wählergruppe
- Eindringlichkeit der gesamten Bildkomposition
- aggressive Tendenz in der Bildgestaltung
- Aufforderung zur Wahl der SPD *Aussageabsicht*
- Appell zum politischen Kampf gegen die innenpolitischen Hauptgegner der SPD
- Betonen der Identität der Partei als Arbeiterpartei

Das Plakat verweist auf folgende bedeutende innenpolitische Ent- *Bewertung*
wicklungen der Weimarer Republik in ihrer Spätphase:
- auf das Zerbrechen der Weimarer Koalition aus Mehrheits-SPD und demokratischen bürgerlichen Parteien: Zentrum, DVP und

Bayerische Volkspartei wendeten sich 1930 dem demokratiekritischen und teilweise republikfeindlichen Lager zu.
- auf die Rolle der SPD als der tragenden Partei der Weimarer Republik; aber auch auf deren Rolle als Interessenspartei der Arbeiterschaft mit einem auf die Arbeiterschaft beschränkten Wählerpotenzial.
- auf die Spaltung der Arbeiterschaft in SPD-Anhänger und Kommunisten: Diese Spaltung ist in der Betonung der Arbeiteridentität und der besonders aggressiven Darstellung des Plakats (in Konkurrenz zur noch radikaleren KPD) zu erkennen.

Aufgabe 29
- Der Adler, als Symbol für das Reich, *Symbole*
- erhebt sich zum Himmel als Bild für den Neuanfang und Aufbruch in die bessere Zukunft.
- Das Hakenkreuz der Nationalsozialisten verdrängt als Sonne
- die dunklen Wolken; diese stehen für die schlechte Zeit der Weimarer Republik.
- Das Licht des Nationalsozialismus fällt auf die Reichsburg in Nürnberg, dem Wahrzeichen für die Stadt der NS-Parteitage.

Das Bild vertritt die NS-Ideologie: Mit dem Nationalsozialismus *Ideologie* erwache Deutschland zu neuer Größe nach einer Zeit der Krise. Das Bild setzt den NS-Slogan „Deutschland erwache!" direkt um.

Es handelt sich um ein Schmucktelegramm, ein tausendfach ver- *Medium des Bildes* breitetes Papier der staatlichen Post. Diese macht damit Werbung für den Parteitag und für die Ideologie der Nationalsozialisten. Die Tatsache verweist auf die Gleichschaltung der staatlichen Institutionen durch die nationalsozialistische Regierung und auf die Durchdringung wichtiger staatlicher Einrichtungen mit nationalsozialistisch orientiertem Personal und Denken bereits 1933. Die Bildquelle symbolisiert so den schnellen, fast widerstandslosen Erfolg des Nationalsozialismus nach der sog. „Machtergreifung"!

Aufgabe 30
- Der deutsche Bundesadler und die Flagge sind Symbole der *Inhalt* Staatlichkeit der Bundesrepublik Deutschland.
- Die Unterschriften der verschiedenen Bundespräsidenten seit 1949 symbolisieren die staatliche Kontinuität der Bundesrepublik durch ihre demokratisch legitimierten Staatsoberhäupter.
- Dokumentation und Demonstration der erfolgreichen Staat- *Aussage* lichkeit der Bundesrepublik
- Ausdruck der staatlichen Identität
- bewusste Verbreitung des Staatsbewusstseins durch die massenhaft in Umlauf gebrachte Briefmarke
- Konzentration auf die Symbole der Staatlichkeit als wesent- *Gestaltung* liche Elemente
- Verdichtung der Aussage durch die Kombination dreier Symbole mit gleicher Aussage
- besondere Wirkung der Symbole und Farben durch die Beschränkung und den grauen Hintergrund

- angemessene Gestaltung für die Quellenart: Auf der kleinen Briefmarke wirken die Symbole durch die konzentrierte Gestaltung besonders gut!

Aufgabe 31 *Charakter der Fragestellung:* Die Frage verlangt eine Beschreibung der Inhalte und ihrer historischen Zusammenhänge und die Klärung der Aussageabsicht. Mit dem letzten Aspekt verknüpfen lässt sich eine Bewertung der Funktion der Briefmarke im gesellschaftlichen Zusammenhang. Darauf sollten Sie bei Quellen dieser Art nicht verzichten!

- Der untere Bildrand ist ein Ausschnitt aus einem bekannten Foto der historischen Situation „Berlin-Blockade" 1948; es stellt zwei Berliner Jungen da, die auf ein einschwebendes alliiertes Flugzeug zeigen. *Inhalte*
- Dieses Flugzeug ist als Schattenriss in die Perforation gedruckt.
- Dazwischen aber ist eine grafische Verbindung zwischen der Flagge der Bundesrepublik und denen der Westalliierten Großbritannien, Frankreich und USA farbig gestaltet.
- Die Luftbrücke nach Berlin durch alliierte Flugzeuge in den Jahren 1948 und 1949 überwand die Blockade der Stadt durch die Sowjetunion und bewahrte den Status des Westteils der Stadt als Teil der westlichen Besatzungszonen; die freie Entwicklung West-Berlins wurde so ermöglicht. *Hintergrund*
- Die Krise war Ausdruck des aufgebrochenen Ost-West-Gegensatzes. West-Deutschland und vor allem West-Berlin spielten als Frontstaat bzw. -stadt am „Eisernen Vorhang" innerhalb des Konflikts eine entscheidende Rolle.
- Mit der „Berliner Luftbrücke" begann eine tiefgreifende Wandlung im Verhältnis der Westmächte und der späteren Bundesrepublik: Der ehemalige Feind wurde zum Schutzbefohlenen und später zum Partner innerhalb des Ost-West-Konflikts.
- Erinnerung an alle genannten Aspekte *Aussageabsicht*
- Deutung des historischen Geschehens als wesentliches Gründungsereignis der Bundesrepublik
- die Luftbrücke als Symbol der Freundschaft zwischen den beteiligten Staaten
- Demonstration der engen Verbindung Deutschlands mit den genannten Staaten und damit des Funktionierens des westlichen Bündnisses
- Die Briefmarke ist als offizielles staatliches Medium Ausdruck des staatlichen Selbstbewusstseins der Bundesrepublik, zudem das enge Bündnis zu den ehemaligen Westalliierten (heute in EU und NATO) gehört. *Bewertung*
- Die Marke enthält dabei gleichzeitig eine Deutung des historischen Ablaufs, in der die Luftbrücke als Beginn der freundschaftlichen Beziehung zwischen Deutschland und den Westmächten definiert wird. Man könnte die Quelle auch als Verbildlichung des Gründungsmythos der Bundesrepublik ansehen.

gabe 32
- Kirchners expressionistischer Stil versucht die Aussage durch die subjektive Gestaltung von Figur, Form und Farbe zu unterstützen und damit eine hintergründige Wahrheit deutlich zu machen.
- Wissel zeigt ein geschöntes Klischee, das die Wirklichkeit idealisierend verklärt.
- Beide Gestaltungen stehen im Gegensatz zueinander. Die Nationalsozialisten haben deswegen Bilder wie das Kirchners als „entartet" bezeichnet und aus Museen und Galerien entfernt.
- Kirchners Bild versucht, die psychische Wurzel des Menschen in seine Darstellung der Angst einzubinden; er greift damit die neuen Erkenntnisse seiner Zeit zum Wirken unbewusster Bereiche des Menschen auf. Er sucht die Wahrheit hinter der Oberfläche des Normalen.
- Wissels Familie ist ein verlogenes, geschöntes Ideal einer bäuerlichen Welt, das es nie gegeben hat. Sein Menschenbild ist eine faschistische Idealisierung, die gegen die Realität als erstrebenswert und erreichbar gesetzt wird.

Gestaltung

Menschenbild

gabe 33
Charakter der Fragestellung: Die Fragen beziehen sich auf die sichtbaren Inhalte der beiden Fotografien und verlangen eine sozialgeschichtliche Zuordnung zur historischen Situation in der ersten und in der zweiten Frage. Die zweite Frage erweitert den Vergleich alltagsgeschichtlich. Die anderen Ebenen des Interpretationsmodells sind nicht verlangt.

Gutbürgerliche Kaffeetafel:
- abgetrenntes Esszimmer in geräumiger Wohnung
- gediegenes Mobiliar mit klassizistischem Stil
- hochwertige Kleidung der Personen
- Dienstmädchen als Bedienung
- insgesamt hoher Lebensstandard

Arbeiterwohnküche:
- Küche, Essraum und Wohnraum in einem Raum
- einfaches, kleinbürgerliches Mobiliar und Geschirr in bewusst inszenierter Ordentlichkeit
- ordentliche Kleidung der Familie
- die Mutter in der Hausfrauenrolle
- insgesamt geordnete Lebenssituation, aber eher niedriger Lebensstandard

Gutbürgerliche Kaffeetafel:
- sichtbar hohes Selbstbewusstsein, gespiegelt in der körperlichen Verfassung der Abgebildeten
- Anbindung an den klassizistischen Normalgeschmack des bessergestellten, wohlhabenden Bürgertums

Arbeiterwohnküche:
- sichtbares Familienbewusstsein
- Stolz auf die annehmbare Ausstattung der Wohnküche und die gesicherte Lebenssituation

Inhalte

Schichtenspezifische Mentalität

- Anlehnung am bürgerlichen Geschmack und an bürgerlichen Ritualen (Kaffeetafel)
- kleinbürgerliches Ambiente und Wertebewusstsein
- deutlicher Unterschied der Lebenssituation und des Lebensstandards bei den beiden Gruppen *Vergleich*
- „kleinbürgerliche" Orientierung der Arbeiterfamilie an bürgerlichen Normen und Mentalitäten

Die deutsche Gesellschaft wurde bis in die Zeit des Nationalsozialismus durch eine deutliche Differenzierung der unterschiedlichen sozialen Gruppen oder Schichten bestimmt: An der Spitze standen der *Historischer Hintergrund*

- alte Adel
- und das reiche industrielle Großbürgertum,
- gefolgt von den besitzenden bürgerlichen Schichten (Besitzbürgertum)
- und dem materiell weniger gut situierten, aber akademisch ausgebildeten Bildungsbürgertum.
- Das Kleinbürgertum aus Handwerkern, Angestellten und niederen Beamten war die nächste Gruppe mit Angst vor dem Abstieg in
- die Arbeiterschaft.

Der **Bildvergleich** zeigt die materielle Differenzierung der sozialen Schichten am Beispiel des Besitzbürgertums und der Arbeiterfamilie treffend. Auffällig ist die Orientierung der Arbeiterfamilie am bürgerlichen „Ambiente", eine typische Haltung des sich an die bürgerliche Gesellschaft anpassenden Facharbeiterstandes. *Bewertung*

Aufgabe 34 *Charakter der Fragestellung:* Die Frage verlangt, Inhalt und historischen Hintergrund der wesentlichen Bildinhalte zu beschreiben, die Aussageabsicht der Quelle zu erläutern und dabei besonders auf das angespielte Ausgangsmotiv einzugehen – die berühmte „Punch"-Karikatur von John Tenniel „Dropping tihe pilot" zur Entlassung Bismarcks 1890.

- Der neu gewählte Bundespräsident Gustav Heinemann geht als Lotse an Bord eines Schiffes, *Inhalte*
- misstrauisch beobachtet von dem noch amtierenden CDU-Bundeskanzler Kiesinger und Franz-Josef Strauß, dem Vorsitzenden der CSU.

Im März 1969 wurde der SPD-Politiker Gustav Heinemann mit den Stimmen der SPD und der FDP zum Bundespräsidenten gewählt, obwohl die SPD sich noch in der „Großen Koalition" mit der CDU/CSU und die FDP sich in der Opposition befand. Der Vorgang deutete das spätere Zustandekommen der sozialliberalen Koalition an. Entsprechend ist die Bildwelt der Karikatur zu verstehen: Der Bundeskanzler Kiesinger und Strauß, noch Kapitäne des Staatsschiffs „Bundesrepublik", betrachten den neuen Lotsen Heinemann misstrauisch. *Historischer Hintergrund*

- Die Karikatur erkennt in der Wahl Heinemanns ein Anzeichen für einen Kurswechsel in Deutschland: Der SPD-Politiker betritt als Lotse das Staatsschiff und bringt es auf einen neuen Kurs. *(Aussageabsicht)*
- Die Aussage wird durch die Anspielung auf die berühmte „Punch"-Karikatur von John Tenniel verstärkt: Dort verlässt der Lotse Bismarck das Reichsschiff, und der ihm nachschauende Kaiser Wilhelm II. sorgt für den neuen Kurs der Reichspolitik, mit den bekannten schwerwiegenden Folgen für das Deutsche Reich. In der Anspielung erkennt der Karikaturist das Geschehen um Heinemann als bedeutendes politisches Ereignis.
- Interessant ist die Umkehrung des Motivs: Während Bismarck das Staatsschiff verlässt, betritt es Heinemann.

Aufgabe 35 *Charakter der Fragestellung:* Die Fragestellung verlangt
- die Beschreibung der wesentlichen Inhalte,
- eine genaue Erläuterung des historischen Bezugsrahmens,
- und die explizite Analyse der Aussageabsicht.

Es empfiehlt sich, bei der Beschreibung der Inhalte beide Bilder getrennt zu behandeln.

Erstes Bild: *(Inhalte)*
- Ein an seiner Kleidung erkennbarer Arbeiter erdolcht von hinten einen deutschen Frontsoldaten des Ersten Weltkrieges.

Zweites Bild:
- Ein bürgerlich gekleideter Nationalsozialist erdolcht von hinten einen Politiker der Weimarer Republik.
- Das erste Bild greift die sog. „Dolchstoßlegende" auf: Das ist die von Hindenburg wider besseres Wissen aufgebrachte Behauptung, dass das Deutsche Reich den Ersten Weltkrieg nur deshalb verloren habe, weil die Sozialisten und die Revolutionäre von 1918/19 („Novemberverbrecher") der Front in den Rücken gefallen seien. Diese „Dolchstoßlegende" wurde von Konservativen und Nationalisten im politischen Streit der Weimarer Republik propagandistisch genutzt. *(Hintergrund)*
- Das zweite Bild bezieht sich auf die rechtsradikalen Morde an demokratischen Politikern und anderen politischen Gegnern in der Anfangsphase der Weimarer Republik, die von Konservativen und Nationalisten fast mit Wohlwollen betrachtet und von der rechts eingestellten Justiz kaum verfolgt wurden.

Der Karikaturist stellt die Wirklichkeit seiner Zeit in der Gegenüberstellung der beiden Bilder dar. Die Bildunterschrift macht dabei seine Position deutlich: Er kennzeichnet die „Dolchstoßlegende" als Lüge und greift die rechtsradikalen Morde als Faktum an. Der Zeichner steht auf der Seite der Demokraten der Weimarer Republik. *(Aussage)*

Aufgabe 36 Die Statistik hat die Entwicklung der deutschen Kolonien vor 1914 zum Thema; sie zeigt in Jahresschritten und in absoluten Zahlen alle staatlichen Einnahmen und Ausgaben in den deutschen Kolonien für den Zeitraum von 1896 bis 1911.

Definieren des Untersuchungsrepertoires

Signifikante Trends

Jahr	Eigene Einnahmen Millionen	Ausgaben Millionen	
1896	3,2	13,5	
1897	3,6	8,0	
1898	4,7	9,2	
1899	5,9	14,6	*kontinuierlich steigend*
1900	6,7	17,2	
1901	7,5	28,9	
1902	8,9	26,3	
1903	9,7	29,6	
1904	12,7	133,8	*sprunghafte Verzehnfachung*
1905	13,4	196,6	*der Ausgaben und*
1906	16,5	161,0	*deutliche Erhöhung*
1907	21,7	167,4	*der Einnahmen*
1908	22,4	215,0	
1909	35,3	89,5	
1910	35,1	93,3	
1911	38,8	104,4	

- stetiger Anstieg der Einnahmen mit einer Verzehnfachung in 15 Jahren mit einem besonders starkem Anstieg nach 1904
- keine gleichmäßige Entwicklung der Ausgaben
- massiver Anstieg der Ausgaben in den Jahren 1904 bis 1908 (auf ungefähr das Fünffache der Jahre zuvor)
- die Ausgaben überschreiten die Einnahmen immer, teilweise bis zum Zehnfachen
- seit 1909 verringert sich die Schere zwischen Einnahmen und Ausgaben wieder etwas auf zuletzt das Zweieinhalbfache
- Die zunehmende wirtschaftliche Nutzung und Besiedlung der Kolonien bringt ständig steigende Einnahmen aus Steuern und Abgaben.
- Der Anstieg nach 1904 ist auf die Enteignung der aufständischen Stämme und den Verkauf ihres Grundes und Besitzes zurückzuführen.
- Die Ausgaben des Staates sind aufgrund der hohen Kosten für Verwaltung und den Ausbau der Infrastruktur (Eisenbahnen usw.) immer höher als die Einnahmen; besonders hoch sind sie aufgrund des militärischen Eingreifens gegen die Eingeborenen-Aufstände in Afrika seit 1904.
- Nach der Niederwerfung aller Rebellionen nach 1907 konsolidieren sich die Kolonien wirtschaftlich zunehmend; die Infrastrukturmaßnahmen zeigen erste Wirkungen und die Einnahmen steigen an. Die Staatsausgaben bleiben trotzdem deutlich höher.

Analyse der Statistik
a) Konkrete Hintergründe

- Die Kolonien waren für das Deutsche Reich bis 1911 ein Verlustgeschäft; generell galt dort: Profite machten Privatleute und Unternehmen, Verluste der Staat! Das staatliche Interesse muss deswegen vorwiegend auf anderen Vorteilen beruht haben; das waren einerseits machtpolitische Gründe im Rahmen der „Weltpolitik" unter Wilhelm II. nach 1900, andererseits bedeuteten Kolonien wichtiges außenpolitisches Prestige und waren Symbol für die Weltgeltung des Reichs. Die Kosten waren aufgrund dieser Aspekte für die Reichsführung eher zweitrangig.
- Die Statistik entlarvt die deutsche Kolonialpropaganda, die auch mit der wirtschaftlichen Bedeutung der Kolonien argumentierte, als Legende, zumindest was den dargestellten Zeitraum betrifft.

b) Allgemeine historische Hintergründe

Die Statistik ist in ihren Daten eindeutig, wenn auch etwas unpräzise, da sie vor allem die Ausgaben nicht genauer aufschlüsselt.

Bewertung der Aussagekraft der Statistik

Aufgabe 37 *Charakter der Fragestellung:* Die Frage verlangt die systematische Auswertung der Statistik nach den Bereichen 1, 2 und 3 unseres Modells. Das erwartete Urteil ist mit der Analyse der allgemeinen Hintergründe der Situation gleichzusetzen.

Die Statistik bezieht sich auf die gesellschaftliche Basis der NSDAP in der Weimarer Republik; sie unterscheidet grob unterschiedliche soziale Schichten und ordnet diesen – nach Zeiträumen und nach den prozentualen Anteilen gegliedert – die NSDAP-Neumitglieder zu. Vergleichend dazu gibt sie den Schichtenanteil an der Gesamtgesellschaft an.

Einleitende Definition des Aufbaus der Statistik

- Die Schichtenzugehörigkeit der Neumitglieder bleibt trotz einiger Schwankungen während des Zeitraums von 1919 bis 1932 weitgehend stabil. (Das Fehlen von absoluten Zahlen erklärt viele der Schwankungen, vor allem bei der Oberschicht, da in dieser kleinen Gruppe geringe Unterschiede bereits relativ hohe prozentuale Verschiebungen ausmachen!)
- In der Schichtenverteilung sind gegenüber der Gesamtgesellschaft die Unterschicht unterrepräsentiert und die Mittelschicht und Oberschicht signifikant überrepräsentiert. Am deutlichsten ist die Differenz bei den ungelernten Arbeitern, die stark unterrepräsentiert sind, und den Oberschichtangehörigen, die deutlich überrepräsentiert sind.

Statistische Signifikanzen

- Die NSDAP konnte sich während ihrer Entwicklung in der Weimarer Republik auf einen breiten gesellschaftlichen Hintergrund stützen; das statistische Bild tendiert zu dem einer „Volkspartei".
- Dennoch handelt es sich vor allem um eine Mittelschichten- und Oberschichten-Partei, da diese Gruppen deutlich überrepräsentiert sind. Diese Zahlen lassen sich zum Beispiel dadurch erklären, dass die der Mittelschicht zuzurechnenden Ange-

Historische Hintergründe

stellten und Bauern sich besonders als Modernisierungsverlierer sahen, die sich in den Wirren der Weimarer Republik vom sozialen Abstieg bedroht fühlten; das Gleiche gilt für die Facharbeiter. Diese Gruppen dachten deswegen häufig rechtsradikal. Das Bild bei den Oberschichten passt zu dem Sachverhalt, dass die NSDAP gerade an den Universitäten ihre erste starke Bastion hatte: Die Partei konnte sich auf eine große Zahl akademisch gebildeter junger Leute stützen.
- Die ungelernten Arbeiter als die eigentlichen Verlierer der Weltwirtschaftskrise nach 1929 sind deutlich unterrepräsentiert; diese Gruppen und die Arbeitslosen wandten sich eher den Kommunisten als radikal-sozialistische Alternative auf der linken Seite zu.

Die Statistik zeigt, dass die NSDAP trotz der eigenen Propaganda im Kern keine Arbeiterpartei war. Trotz eines relativ hohen Anteils an Facharbeitern lag die gesellschaftliche Basis der Nationalsozialisten eindeutig bei den Mittel- und Oberschichten. Gerade diese teilten trotz eines besseren Lebensstandards und einer höheren Bildung offensichtlich die radikalen politischen Überzeugungen der Partei. Das Ergebnis widerlegt auch die These, dass die soziale Verelendung der Unterschichten die Basis der NSDAP war. Für die Gesamtsituation der Weimarer Republik verrät die Statistik, dass gerade die Eliten und die Mitte der Gesellschaft republikfeindlich eingestellt waren.

Beurteilung

Aufgabe 38 Das Schaubild zeigt die Zahl der Auswanderer von Deutschland nach Übersee von 1820 bis 1914, orientiert an einem Indexwert: Der Leitwert sind 1000 Einwohner, dem werden in jeder Säule der Anteil der Auswanderer in der relativen Zahl zugeordnet. Also ist etwa 1820 1 Einwohner von 1000 ausgewandert. Die Indexsystematik wurde deswegen gewählt, da die absoluten Zahlen allein aufgrund der sehr unterschiedlichen Bevölkerungszahlen in dem behandelten Zeitraum keinen sicheren Vergleich zulassen würden; der Vergleich der Zeiträume ist in dieser Weise in Form des Diagramms exakter darstellbar.

Definieren des Untersuchungsrepertoires

- stetiges Ansteigen der Auswanderer zwischen 1820 und 1849
- sprunghafter Anstieg zwischen 1850 und 1854
- stetige Abnahme bis 1894, dann schnellerer Rückgang auf ein niedriges Niveau
- Grundthese: Die Statistik über die Auswanderung spiegelt die bevölkerungspolitische, gesellschaftspolitische und wirtschaftliche Entwicklung Deutschlands zwischen 1820 und 1914 exakt wider. Das bedeutet: Auswanderung war eine Folge und ein Gradmesser dieser Entwicklung!
- Das Ansteigen der Auswanderung bis 1849 ist eine Reaktion auf die Verelendung der breiten Unterschichten durch die Fol-

Signifikante Trends

Analyse der statistischen Besonderheiten

gen der napoleonischen Kriege, der Liberalisierung des Wirtschaftssystems und der nur langsam in Fahrt kommenden Frühindustrialisierung in Deutschland, die Arbeitslosigkeit und Massenarmut eher verstärkte, als diesen Faktoren entgegen zu wirken. Die Situation wurde verstärkt durch das begleitende starke Bevölkerungswachstum, das sich ebenfalls in der Auswanderung ein Ventil suchte.

- Der sprunghafte Anstieg der Auswanderung zwischen 1850 und 1854 ist eine Reaktion auf die Wirtschaftskrise der Vormärzzeit und auf die gescheiterte Revolution von 1848/49. Der letzte Aspekt führte zu einer starken Depression und einer Fluchtbewegung in Teilen der Unterschichten, aber auch in bürgerlichen Kreisen, die sich für die revolutionäre Veränderung eingesetzt hatten.
- Das langsame Zurückgehen der Auswandererzahlen nach 1859 spiegelt die Konsolidierung der deutschen Gesellschaft und Wirtschaft in der Phase der zunehmenden Industrialisierung wider; die Zahlen bleiben aber auf einem relativ hohen Niveau bis 1894, was zeigt, das viele Menschen sich den schlechten sozialen Arbeits- und Lebensbedingungen in dieser Industrialisierungsphase durch Auswanderung entzogen.
- Der sprunghafte Rückgang der Auswanderung nach 1894 zeigt, dass jetzt die Hochindustrialisierung („Take off") in Deutschland eingesetzt hatte, mit der eine Konsolidierung des Arbeitsmarktes und eine durchgreifende Verbesserung der Lebensbedingungen der Unterschichten verbunden war.

Die Statistik ist aufgrund der Indexsystematik sehr genau und unproblematisch; allerdings zeigt sie aufgrund des Fehlens absoluter Zahlen nicht das starke Bevölkerungswachstum als wesentliche Ursache der Auswanderung. *Bewertung der Aussagekraft der Statistik*

Aufgabe 39 *Charakter der Fragestellung:* Die Fragestellung ist eindeutig: Sie verlangt ein Vorgehen nach der in diesem Arbeitsbuch eingeübten Systematik. Wichtig ist, dass das Diagramm zwei vergleichende Elemente enthält:
- erstens den Vergleich unterschiedlicher Wirtschaftsbereiche innerhalb eines Zeitraums,
- zweitens den Vergleich unterschiedlicher Zeiträume.

Beide Anforderungen sind in die Antwort einzubeziehen!

Das Schaubild zeigt für drei unterschiedliche größere Zeiträume von jeweils 19 Jahren die absoluten Werte der Investitionen in drei wesentlichen Wirtschaftsbereichen: Landwirtschaft, Eisenbahn, „Gewerbe". Der letzte Aspekt erfasst auch die Industrie. Das Säulendiagramm verdeutlicht visuell den Vergleich. Die Wirtschaftsinvestitionen verraten, mit welchen Schwerpunkten die wirtschaftliche Entwicklung Deutschlands im untersuchten Zeitraum verlief. *Einleitende Definition des Schaubilds*

- Landwirtschaft: dominierend bis 1869, dann Rückgang und erneut starkes Anwachsen (Verdoppelung) nach 1890

Statistische Trends

- Gewerbe: stetiges sprunghaftes Wachstum mit einer Verzehnfachung der Investitionen zwischen 1851 und 1909
- Eisenbahn: Ansteigen der Investitionen auf fast das Doppelte bis 1870, dann gleichbleibender Wert
- Vergleich: Anfangs stärkste Investitionen in die Landwirtschaft, die zwischen 1870 und 1889 von den beiden anderen Bereichen deutlich überholt wird; die industriellen Investitionen sind bereits dreimal höher! Nach 1890 nochmalige Verdreifachung der Industrieinvestitionen, die dann die anderen Bereiche um das Vierfache und mehr übertreffen. Die Investitionen in die Eisenbahn bleiben im Vergleich zu den anderen Bereichen zwischen 1870 und 1909 gleich.
- Grundthese: Insgesamt zeigt das Diagramm den Wandel von der Agrar- zur Industriegesellschaft, sichtbar durch das rasante Ansteigen der gewerblichen Investitionen!

Historische Hintergründe

- Die Rolle des Eisenbahnbaus für die industrielle Entwicklung wird sichtbar; dieser Bereich erhöht sich nach 1870 stark und bleibt dann gleich. Eine noch größere Steigerung wurde durch den zunehmend gesättigten Bedarf an neuen Strecken verhindert. Der Eisenbahnbau begleitet also die industrielle Entwicklung als Motor und als notwendige Infrastrukturmaßnahme.
- Logisch ist der Rückgang der landwirtschaftlichen Investitionen zwischen 1852 und 1889, da sich die Gewichte der wirtschaftlichen Entwicklung insgesamt verschoben haben. Nach 1890 steigen die Investitionen wieder stark an, da die Industrialisierung der Landwirtschaft mit neuen Techniken eingesetzt hat, und der Bedarf an landwirtschaftlichen Erzeugnissen durch das Bevölkerungswachstum, durch Zuwanderung und durch die höhere Massenkaufkraft in der gesellschaftlichen Konsolidierungsphase nach 1900 anstieg: Der Markt reagierte, und so bekam der Agrarsektor wieder mehr wirtschaftliches Gewicht.

Das Diagramm verdeutlicht sehr einleuchtend die Trends; problematisch ist die Vorauswahl der Zeiträume, die die Ergebnisse etwas lenkt. Das Einbeziehen der absoluten Werte bei den Investitionen ist sinnvoll, da sie das Säulendiagramm rechtfertigt und überprüfbar macht.

Aussagekraft des Schaubilds

Ihre Meinung ist uns wichtig!

Ihre Anregungen sind uns immer willkommen.
Bitte informieren Sie uns mit diesem Schein über Ihre Verbesserungsvorschläge!

Titel-Nr.	Seite	Fehler, Vorschlag

Bitte hier abtrennen

Damit lernen einfacher wird... **STARK**

10-V1T

Bitte ausfüllen und im frankierten Umschlag an uns einsenden. Für Fensterkuverts geeignet.

Zutreffendes bitte ankreuzen!

Die Absenderin/der Absender ist:

- ☐ Lehrer/in
- ☐ Fachbetreuer/in
  Fächer: _____
- ☐ Seminarlehrer/in
  Fächer: _____
- ☐ Regierungsfachberater/in
  Fächer: _____
- ☐ Oberstufenbetreuer/in
- ☐ Schulleiter/in

- ☐ Referendar/in, Termin 2. Staatsexamen: _____
- ☐ Leiter/in Lehrerbibliothek
- ☐ Leiter/in Schülerbibliothek
- ☐ Sekretariat
- ☐ Eltern
- ☐ Schüler/in, Klasse: _____
- ☐ Sonstiges: _____

Unterrichtsfächer: (Bei Lehrkräften!)

**STARK Verlag
Postfach 1852
85318 Freising**

Kennen Sie Ihre Kundennummer?
Bitte hier eintragen.

Absender (Bitte in Druckbuchstaben!)

Name/Vorname

Straße/Nr.

PLZ/Ort

Telefon privat
für Rückfragen   Geburtsjahr

E-Mail-Adresse

Schule/Schulstempel (Bitte immer angeben!)

Bitte hier abtrennen

Sicher durch das Abitur!

Den Ernstfall trainieren und souverän meistern mit maßgeschneiderter Abiturvorbereitung: konzentriertes Faktenwissen, Übungsaufgaben und schülergerechte Lösungen. Ideal zum selbstständigen Üben zu Hause.
Da erfahren Schüler, worauf es wirklich ankommt, und erhalten Sicherheit für alle Prüfungen durch dauerhaften Lernerfolg.

Mathematik

Titel	Best.-Nr.
Analysis – LK	94002
Analysis – gk	94001
Analytische Geometrie und lineare Algebra 1 – gk/LK	94005
Analytische Geometrie und lineare Algebra 2 – gk/LK	54008
Stochastik – LK	94003
Stochastik – gk	94007
Integralrechnung – gk	40015
Exponential-/Logarithmusfunktionen, gebrochenrationale Funktionen – gk	40016
Wahrscheinlichkeitsrechnung und Statistik – gk	40055
Analytische Geometrie – gk	40075
Infinitesimalrechnung 1/11. Klasse	94006
Infinitesimalrechnung 2/11. Klasse	94008

Physik

Titel	Best.-Nr.
Elektrisches und magnetisches Feld – LK	94308
Elektromagnetische Schwingungen und Wellen – LK	94309
Atom- und Quantenphysik – LK	943010
Kernphysik – LK	94305
Atommodelle – LK	94304
Wellen- und Teilchenaspekt von Licht und Materie – LK	94303
Physik 1 – gk	94321
Physik 2 – gk	94322
Mechanik 11. Klasse	94307
Physik 1 – FOS/BOS	92436
Physik 2 – FOS/BOS	92437
Physik 11. Klasse – FOS	92438
Physikalisches Praktikum – FOS	92435

Biologie

Titel	Best.-Nr.
Biologie 1 – LK K 12	94701
Biologie 2 – LK K 13	94702
Biologie 1 – gk K 12	94715
Biologie 2 – gk K 13	94716
Chemie für den Leistungskurs Biologie	54705
Abitur-Wissen Genetik	94703
Abitur-Wissen Neurobiologie	94705
Abitur-Wissen Verhaltensbiologie	94706
Abitur-Wissen Evolution	94707
Abitur-Wissen Ökologie	94708

Chemie

Titel	Best.-Nr.
Rechnen in der Chemie	84735
Chemie 1 – LK K 12	94731
Chemie 2 – LK K 13	94732
Chemie 1 – gk K 12	94741
Chemie 2 – gk K 13	94742
Abitur-Wissen Stoffklassen organischer Verbindungen	947304

Erdkunde

Titel	Best.-Nr.
Erdkunde Arbeitstechniken und Methoden – gk/LK	94901
Abitur-Wissen Entwicklungsländer	94902
Abitur-Wissen USA	94903
Lexikon Erdkunde	94904

Politik

Titel	Best.-Nr.
Abitur-Wissen Internationale Beziehungen	94802
Abitur-Wissen Demokratie	94803
Lexikon Politik	94801

Geschichte

Titel	Best.-Nr.
Grundlagen, Arbeitstechniken und Methoden	94789
Geschichte 1 – gk	84761
Geschichte 2 – gk	84762
Geschichte – gk K 12 Bayern	94781
Geschichte – gk K 13 Bayern	94782
Abitur-Wissen Die Antike	94783
Abitur-Wissen Das Mittelalter	94788
Abitur-Wissen Die Ära Bismarck	94784
Abitur-Wissen Imperialismus u. 1. Weltkrieg	94785
Abitur-Wissen Die Weimarer Republik	47815
Abitur-Wissen Nationalsozialismus und Zweiter Weltkrieg	94786
Geschichte Quellen Die Weimarer Republik	47811
Lexikon Geschichte	94787

Wirtschaft/Recht

Titel	Best.-Nr.
Betriebswirtschaft – LK	94851
Volkswirtschaft – gk/LK	94881
Rechtslehre – gk	94882

Pädagogik/Psychologie

Titel	Best.-Nr.
Grundwissen Pädagogik / FOS	92480
Grundwissen Psychologie / FOS	92481

(Bitte blättern Sie um)

Natürlich führen wir noch mehr Buchtitel für alle Schularten. Wir informieren Sie gerne!

Telefon: 0 8161/1790
Telefax: 0 8161/179-51
Internet: www.stark-verlag.de
E-Mail: info@stark-verlag.de

Deutsch

Titel	Best.-Nr.
Grundlagen, Arbeitstechniken u. Methoden	944062
Aufsatz Oberstufe	84401
Abitur-Wissen Textinterpretation Lyrik, Drama, Epik	944061
Abitur-Wissen Deutsche Literaturgeschichte gk/LK	94405
Abitur-Wissen Deutsch Prüfungswissen Oberstufe gk/LK	94400
Lexikon Autoren und Werke	944081
Deutsch – Interpretationshilfen 1	94407
Deutsch – Interpretationshilfen 2	94408

Interpretationshilfen zu Einzellektüren:

Titel	Best.-Nr.
Leben des Galilei	2400011
Am kürzeren Ende der Sonnenallee	2400201
Dantons Tod	2400121
Aus dem Leben eines Taugenichts	2400071
Das Marmorbild	2400081
Homo faber	2400031
Faust I	2400511
Goethe Gedichte (1771–1783)	2400181
Der fremde Freund/Drachenblut	2400061
Die Verwandlung/Das Urteil	2400141
Michael Kohlhaas	2400111
Die folgende Geschichte	2400251
Don Carlos	2400161
Der Vorleser	2400101
Schlafes Bruder	2400021
Antigone	2400221

Französisch/Latein

Titel	Best.-Nr.
Textaufgaben zur Landeskunde Frankreich	94501
Französisch – Wortschatz	94503
Textaufgaben zur Literatur gk/LK	94502
Französisch – Literaturgeschichte	94506
Französisch – Textarbeit	94504
Französisch – Wortschatzübung Oberstufe	94505
Interpretationshilfen 1 Lyrik	94507
Interpretationshilfen 2 Prosa	94508
Interpretationshilfen 3 Drama	94509
Lateinische Literaturgeschichte	94602
Latein Kurzgrammatik	94601
Latein Wortkunde	94603

Ratgeber für Schüler

Titel	Best.-Nr.
Richtig Lernen – Tipps und Lernstrategien für die Oberstufe	10483
Referate und Facharbeiten für die Oberstufe	10484

Englisch

Titel	Best.-Nr.
Englisch – Übersetzungsübung	82454
Englisch – Grammatikübung Oberstufe	82452
Englisch – Wortschatzübung Oberstufe	82451
Englisch – Grundfertigkeiten des Schreibens	94466
Englisch – Textaufgaben zur Literatur	94462
Englisch – Grundlagen der Textarbeit	94464
Englisch – Literaturgeschichte	94465
Englisch – Übertritt in die Oberstufe	82453
Abitur-Wissen Landeskunde Großbritannien	94461
Abitur-Wissen Landeskunde USA	94463
Englisch – Interpretationshilfen 1	82455
Englisch – Interpretationshilfen 2	82456

Interpretationshilfen zu Einzellektüren:

Titel	Best.-Nr.
Moon Palace	2500031
Lord of the Flies	2500051
Changing Places	2500091
Educating Rita	2500061
Macbeth	2500011
Romeo and Juliet	2500041
Huckleberry Finn	2500021

Religion/Ethik

Titel	Best.-Nr.
Katholische Religion 1 – gk	84991
Katholische Religion 2 – gk	84992
Evangelische Religion 1 – gk	94971
Ethische Positionen in historischer Entwicklung – gk	94951
Abitur-Wissen Ev. Religionslehre gk Der Mensch zwischen Gott und Welt	94973
Abitur-Wissen Ev. Religionslehre gk – Die Verantwortung des Christen in der Welt	94974
Abitur-Wissen Glaube und Naturwissenschaft	94977
Abitur-Wissen Jesus Christus	94978
Abitur-Wissen Die Frage nach dem Menschen	94990
Abitur-Wissen Philosophische Ethik	94952
Abitur-Wissen Freiheit und Determination	94954
Abitur-Wissen Recht und Gerechtigkeit	94955
Abitur-Wissen Religion u. Weltanschauungen	94956

Kunst

Titel	Best.-Nr.
Grundwissen Malerei – LK	94961
Analyse und Interpretation – LK	94962

Sport

Titel	Best.-Nr.
Sport Bewegungslehre – LK	94981
Sport Trainingslehre – LK	94982

Bestellungen bitte direkt an:
Stark Verlag · Postfach 1852 · 85318 Freising

Damit lernen einfacher wird...

STARK